SIMON WIESENTHAL
- Der »Nazi-Jäger«
und die sog. NSG-Prozesse

W. Rosenberg

Copyright 1992 by

Verlag Werner Symanek • Postfach 5 44 • W-4390 Gladbeck • (02043) 3 47 56

Alle Rechte vorbehalten

ISBN 3-927773-07-7

Artikel 5

(1) Jeder hat das Recht seine Meinung in Wort, Schrift und Bild frei zu äußern ...

(2) Diese Recht findet ihre Schranken in den Vorschriften der allgemeinen Gesetze, ...

Grundgesetz

für die

Bundesrepublik Deutschland

DER „NAZIJÄGER" AUS GALIZIEN

Eine Antwort auf Simon Wiesenthals Buch „Recht, nicht Rache"

Recht, nicht Rache, so der neue Titel des Buches des „Nazijägers" Simon Wiesenthal. Wer die Aktivitäten Wiesenthals verfolgt, erkennt schon den Widerspruch zwischen dem Titel seines Buches und seiner Sucht den nächsten über 80jährigen Groß- bzw. Urgroßvater „aufzuspüren" und hinter „Gitter zu bringen".

Erst das Auffinden einer alten Pressemeldung des „Salzburger Volksblattes" vom 23. Januar 1970 bewegte mich, dieser „Schönfärberei" ein Ende zu bereiten. Diese Meldung lautete:

„Ecrasez l'Autriche

Simon Wiesenthal hielt am 18. November 1969 vor der Jüdischen Studentenschaft Zürich bei stärkstem Andrang einen Vortrag über die ‚Verfolgung von Naziverbrechern'. Er leitete seine Ausführungen mit einem Wort von Clausewitz ein, daß der Feind von gestern auch der Feind von heute und morgen sei, wenn man ihn nicht restlos vernichte. Man habe die alten Nazis und Faschisten ganz zu Unrecht totgesagt. In Wirklichkeit existieren sie noch und seien die Feinde und Verbrecher von heute. Man könne und müsse sich sagen: Noch leben sie!

Wiesenthal schätzt die Zahl der ehemaligen Nazis in der Bundesrepublik auf vier bis fünf Millionen, in der DDR auf eine bis zwei Millionen, in Österreich auf eine halbe Million! Es sei nicht logisch - führte Wiesenthal aus - die Naziverbrecher als ‚Kriegsverbrecher' zu bezeichnen. Der Nazi - gleichgültig ob er alt oder jung - sei an sich ein Verbrecher. Bei der Verfolgung von Naziverbrechern geht es weniger um einzelne und deren Verurteilung, sondern vielmehr darum, künftige Massenmorde zu unterbinden, denn die Mörder von morgen würden heute erst geboren. Diese in der Zukunft potentiellen Mörder gelte es schon heute auszurotten.

Wiesenthal ließ auch durchblicken, daß die jüdische Hochfinanz, insbesondere in den USA und vor allem die Kapitalmacht der Rothschilds, seit einem Jahrhundert die ungekrönten Könige der Juden, zweckentsprechend eingesetzt werden, um jene Staaten und Volksgruppen, welche potentiell in sich Naziverbrecher beinhalten, kapitalmäßig zu eliminieren.

Es gilt, rief Wiesenthal in Zürich aus, potentielle Gegner auch im Keim, ja im embryonalen Zustand, ein für allemal zu vernichten."

Diese Meldung bedarf keines Kommentares. Bedenken wir jedoch, welche Macht, welche Mächte hier aktiv arbeiten. Ist es ein ehemaliger Verfolgter, der jetzt jagd, oder kämpft hier eine Macht gegen die Feinde des Großkapitals?

„Recht, nicht Rache", so der Titel des Buches Simon Wiesenthals. Ist „ausrotten" Recht? Wir dürfen diesen Mann und seine Tätigkeiten nicht ignorieren. Es ist eine Notwendigkeit geworden, diesen Mann und seinen Aufruf ernst zu nehmen. Insbesondere Richter, Staatsanwälte und Polizeibehörden, die sich auf ihn und seine Aussagen bei Ermittlungen und Prozessen in der Vergangenheit berufen haben und in Zukunft berufen wollen, sind hier gefordert.

Zur Person Simon Wiesenthal

Simon Wiesenthal, Sohn von Eltern mosaischen Glaubens, wurde am 31. Dezember 1908 in der Woiwodschaft Tarnapol (Galizien) geboren.

Da der Großvater meinte, es seinem Enkel schuldig zu sein, gibt er gegenüber dem Standesamt als Tag der Geburt nicht den 31. Dezember 1908, sondern den 1. Januar 1909 an.

Wiesenthal besuchte während des I. Weltkrieges die Schule, aufgrund der allgemeinen Bedingungen konnte von einem geregelten Schulbetrieb keine Rede sein. Trotzdem schaffte es Wiesenthal, das Gymnasium zu besuchen, in welchem u. a. seine Mutter den Auftrag erhielt, die Turnhalle sauberzuhalten, die die Russen als Pferdestall benutzten.

Nachdem Wiesenthal sich vergebens um die Aufnahme an der Technischen Hochschule bemüht hatte, nahm er von Ostgalizien Abschied und beglückte Prag, wo er das Architektur-Studium aufnehmen konnte. 1936 heiratete Wiesenthal Cyla Müller, seine alte Jugendliebe.

1939, der Zweite Weltkrieg brach aus und die Sowjets besetzten Ostgalizien. Viele „bourgoise" Juden erhielten Pässe, durch die sie zu rechtlosen Bürgern zweiter Klasse wurden. Wiesenthal bestach einen Kommissar des NKWD und erhielt daraufhin reguläre Pässe.

Am 30. Juni 1941 erreichten deutsche Truppen Lemberg, wo Wiesenthal nun lebte und richteten dort ein Pogrom an, wobei 6.000 Juden den Tod gefunden haben sollen, so die Schilderung Wiesenthals.

Jedoch Simon Wiesenthal überlebte und wird am 6. Juli nach seinen eigenen Angaben von der Gestapo verhaftet. Glück für Wiesenthal, daß er nicht zu den 6.000 gehörte. Zu dieser Verhaftung schrieb der Wiesenthal-Biograph Wechsberg: „ Etwa vierzig jüdische Rechtsanwälte, Ärzte, Lehrer und Ingenieure waren im Gefängnishof zusammengetrieben. In der Mitte des Hofes stand ein großer Tisch, darauf Wodkaflaschen, Würste, Sakuskij (russische Vorspeise), Pistolen und Munition.

Den Juden wurde befohlen, sich in einer Reihe mit dem Gesicht zur Mauer aufzustellen und ihre Arme hinter dem Nacken zu verschränken. Neben jedem stand eine leere Holzkiste. Ein Ukrainer begann mit den Erschießungen. Er fing am linken Ende der Reihe an und gab jedem Mann einen Genickschuß. Immer nach ein paar Schüssen ging er zum Tisch, um einen Schluck Wodka zu trinken und von den Sakuskij zu essen; dann wurde ihm eine neue Pistole gereicht. Zwei Ukrainer warfen die Leichen in die bereitstehenden Kisten und schleppten diese, wenn sie voll waren, weg. Immer näher kamen die Schüsse, die Schreie der Sterbenden. Wiesenthal weiß noch, wie er die Mauer anstarrte, ohne sie richtig zu sehen. Plötzlich läuteten die Kirchenglocken, und ein Ukrainer rief: 'Genug jetzt! Vesperläuten, Das Schießen hörte auf."

Wieder einmal Glück für Wiesenthal, daß er nicht zu den Erschossenen gehörte. Kurze Zeit darauf konnte Wiesenthal fliehen. Später ist er laut eigenen Angaben erneut verhaftet worden, konnte noch einmal fliehen und gibt an, am 13. Januar 1944 wieder verhaftet worden zu sein. Wiesenthal behauptet, daß er sich nach der Verhaftung die Pulsadern aufgeschnitten habe. Und wieder war das Glück auf seiner Seite, denn die „bösen Nazis" brachten ihn ins Gefängnisspital zur Gesundung. Daraufhin wurde Wiesenthal am 19. März in das Konzentrationslager Lemberg eingeliefert (so seine eigenen Angaben). Dort war er in der Lagerkommandantura und in der „KZ-Küche" bis zum 19. Juli 1944 tätig. So gehen Wiesenthals Schilderungen weiter bis 1945.

Nach seiner Befreiung im Mai 1945 bot er seine Dienste der Kriegsverbrecherkommission an, wo er Beweismaterial für die sogenannten Kriegsverbrecherprozesse sammelte.

Ab Herbst 1945 begann Wiesenthal außerdem Material gegen Adolf

Eichmann zu sammeln. „Wiesenthal ist so was wie eine Behörde: Er agiert durch Vollmacht der Alliierten mit einer Art von „Polizeigewalt", die ihn berechtigt, selbst Verhaftungen vorzunehmen beziehungsweise sie der Militärpolizei aufzutragen."

1946 begann Wiesenthal mit der Jagd auf Adolf Eichmann. Wiesenthal machte sich als Verfolger selbständig. Dank eines Artikels in einer österreichischen Publikation wurde das „Jüdische Dokumentations-Zentrum" über Nacht bekannt.

Wiesenthals Selbstzeugnisse

I. Kampfansage an den deutschen Nationalismus

„Ich weiß, daß die Deutschen und Österreicher von 'all' diesen Dingen, nichts mehr wissen wollen. Richtig. Aber die Umfragen der Meinungsforscher beweisen, daß eine bestimmte gegenläufige Beziehung zwischen der Verfolgung von Naziverbrechen und dem Aufschwung des Neonazismus besteht: Je mehr Prozesse, desto schwächer das Wiedererstehen des Nazismus. Der Prozeß gegen Adolf Eichmann in Jerusalem 1961 bedeutete den bisher schwersten Rückschlag für die neonazistische Bewegung in Deutschland und Österreich. Millionen Menschen, die die Wahrheit nicht kannten, oder nicht kennen wollten, mußten da zum erstenmal Tatsachen zur Kenntnis nehmen. Heute kann niemand mehr behaupten, er habe von 'diesen Dingen, nie etwas gehört. Wenn einer dann immer noch mit den Verbrechern sympathisiert, so hat er sich dadurch unzweifelhaft auf die Seite des Unrechts geschlagen."

II. Wiesenthal als „Nazijäger" beim US-Geheimdienst

„Im Jahre 1945, nach seiner Befreiung, begann er aus eigenem Antrieb für die amerikanische Armee mitzuarbeiten bei der Suche nach Kriegsverbrechern in Österreich und war nacheinander beim Geheimdienst (US Office of Strategic Services - OSS) und bei der Spionageabwehr (Counter Intelligence Corps - CIC) beschäftigt. 1947 hatte er in Linz mit wenigen freiwilligen Helfern ein kleines Dokumentationszentrum aufgebaut, das der Zusammenführung auseinandergerissener jüdischer Familien diente; von Linz aus begann er auch, einige der Tausende von Nazimördern, die noch auf freiem Fuße waren, aufzuspüren."

„Ich lernte auch die Schattenseiten der vier amerikanischen Dienststellen, die sich mit der Bereinigung der Kriegsverbrechersachen gleichzeitig beschäftigten, kennen. Es waren OSS, CIC, 'War Crimes, und zum Teil auch MIS. Diese Überorganisation und Dezentralisierung vieler Dienststellen führte dazu, daß einige Dienststellen mit denselben Zielen oft in ein und derselben Sache zu verschiedenen Ergebnissen kamen, ohne daß eine die andere verständigt hätte oder auch verständigen konnte."

„Die persönlichen Schwierigkeiten begannen in dem Augenblick, als ich mich auf Wunsch der „War Crimes-Gruppe 16" aktiv in die Vorbereitung des großen Mauthausen-Prozesses eingeschaltet hatte. In diesem Prozeß wurden viele Linzer und Oberösterreicher mit dem Gauleiter Eigruber an der Spitze und eine größere Anzahl von seinerzeit aktiven Polizeibeamten unter Anklage gestellt. Manche von ihnen wurden sogar verhaftet, als sie noch bei der Polizei Dienst versahen. Viele wurden zu langjährigen Strafen oder zum Tode verurteilt. Unsere Dokumentation stellte eine Menge Anklagematerial in Form von Zeugenaussagen zusammen; wir veranstalteten auch für den Mauthausen-Prozeß eine Ausstellung von Fotografien der Angeklagten, weil sie nicht allen Zeugen namentlich bekannt waren" (Anmerkung des Autors: erstaunliche Aussage). „Jeder von Ihnen hatte Familie, jeder hatte Freunde, jeder hatte Bekannte, von denen so mancher auch mitschuldig war, gegen den wir keinen Zeugen hatten."

„Freunde vom ‚War Crimes‘, die von Linz nach Deutschland zogen, vergaßen mich aber nicht, und als die ersten mobilen ‚War Crime‘-Gruppen aus Deutschland nach Österreich kamen, um Zeugenmaterial für die bevorstehenden Prozesse in Deutschland zu suchen, nahmen sie sofort mit mir Verbindung auf. Ich war bei den ‚War Crimes‘-Gruppen Persona grata, und als ich ihnen von Schwierigkeiten berichtete, die ich mit einzelnen CIC-Leuten hatte, lächelten sie nur und sagten: ‚Wir sind immer für Sie da. Wenn Sie einen Verbrecher gefunden haben und sich Schwierigkeiten bei der Verhaftung ergeben, lassen Sie es uns wissen, wir können vieles tun‚. Ich sorgte dafür, daß die CIC in Linz von meinen guten Beziehungen zu den höchsten Stellen des ‚War Crimes‘ wußte.

Die amerikanische Militärregierung in Oberösterreich ernannte mich zum Berater für verfolgte Minderheiten. Ich fuhr mit dem

‚Screening Board' der Militärregierung in alle Bezirksstädte Oberösterreichs, um Österreicher, die ihren Angaben nach während des Naziregimes der Widerstandsbewegung angehört hatten, zu überprüfen. Ich konnte auf diese Art sehr wertvolle Bekanntschaften mit vielen Leuten schließen, die für meine spätere Tätigkeit von großer Bedeutung waren und denen ich auch zu Dank verpflichtet bin."

III. Jüdische Völkerwanderung und Nachkriegspogrome

„Ungefähr vier Wochen nach meiner Befreiung traf ich in Linz den Hauptmann Choter-Ischai von der Jüdischen Brigade, der gekommen war, um frühere Insassen von Konzentrationslagern illegal nach Palästina zu schaffen."

„Die jüdische Brigade aus Palästina, die in englischen Diensten stand, war in Italien stationiert; Angehörige der Brigade kamen oft nach Österreich, um ehemalige Häftlinge mitzunehmen, die nach Palästina wollten. Ich kam mit Leuten der Brigade in Kontakt und fuhr sogar einmal mit ihnen nach Mauthausen, ungefähr zwei Tage vor der Räumung. Von dort nahmen wir einen Kindertransport mit, der dann illegal nach Palästina gebracht wurde. Die Brigade kümmerte sich vor allem um die Waisenkinder und schaffte sie mit Militärtransporten, die nicht kontrolliert wurden, vorerst nach Italien. Einer der Männer der jüdischen Brigade, nämlich Captain Choter Ischai, ist mir unvergeßlich. Auch er wird sich bestimmt heute noch meiner erinnern. Ich führte mit ihm lange Gespräche und erzählte ihm von meiner Arbeit im ‚War Crimes', die er guthieß. Choter Ischai versprach sogar, andere jüdische Stellen von meiner Arbeit beim ‚War Crimes' zu verständigen, denn er hielt es für günstig, wenn meine Tätigkeit bekannt würde."

„Unter den jüdischen Flüchtlingen in Oberösterreich herrschte ein ständiges Kommen und Gehen. Neue Transporte aus Polen, Ungarn, Rumänien kamen, jüdische Flüchtlinge reisten kreuz und quer durch Europa, um nach Verwandten zu suchen; die erschütternsten Wiedersehensszenen spielten sich ab. **Mann und Frau, die einander** tot geglaubt hatten, fanden sich. Es fanden sich Brüder, es fanden sich Geschwister und oft fanden auch Hoffnungen ihr Ende. Bedingt durch seine geographische Lage wurde Österreich zum klassischen Transitland für jüdische Wanderungen. In Polen wurden aus den KZ heimgekehrte Juden nicht immer freundlich empfangen, in ihren Wohnungen und Liegenschaften saßen Polen, die von der Rückkehr des Besitzers unangenehm überrascht wurden. Im wahrsten Sinne des Wortes mußten sich die Heimgekehrten entschuldigen, daß sie noch leben, und um die Wiedererlangung ihres Eigentums kämpfen. In kleinen polnischen Städten wurden heimgekehrte Juden umgebracht, in Kielce gab es einen regelrechten Pogrom, und nun sahen die Juden, daß die nazistische Saat wieder aufgegangen war, und Transport um Transport verließ Polen. Dasselbe spielte sich in Rumänien und auch in Ungarn ab."

IV. Die Organisation - Kontakte und Beziehungen

„Am 20. Juli 1945 traf ich in Wien einen großen, netten Mann namens Artur Pier. Er trug eine Phantasie-Uniform, die so aussah (und so aussehen sollte) wie eine verrückte Mischung aus amerikanischen, britischen und französischen Bekleidungsstücken. Artur - heute heißt er Asher Ben Nathan - ist Israels erster Botschafter in der Bundesrepublik Deutschland. Damals hatte er eine Funktion bei der ‚Bricha'. Er gab mir die Kopie einer Liste von Kriegsverbrechern, die von der Politischen Abteilung der Jewish Agency stammte."

Folgende Wiesenthal-Zitate machen den Sinn und Zweck dieser „Fluchtorganisation" deutlich:

„In Wien gab es ein Büro in der Frankgasse 2, das sich mit der illegalen jüdischen Einwanderung nach Österreich und der Auswanderung aus Österreich befaßte.

Diese Organisation hieß populär ‚Bricha' (Flucht). Sie stand unter der Leitung eines jungen Mannes, eines ehemaligen Wiener Juden, Artur Pier (jetzt Asher Ben Nathan).

Am 20. Juli 1945 fuhr ich nach Wien, um mit Arthur über die Transporte zu sprechen, die laufend in die amerikanische Zone Österreichs kamen und in den jüdischen Lagern Versorgungsschwierigkeiten verursacht hatten.

Ich traf einen hochgewachsenen, sehr jugendlich wirkenden Mann, der genau über mich Bescheid wußte und mich um Hilfe für die ‚Bricha' ersuchte, die ich ihm selbstverständlich zusagte. Er fragte mich vor allem über meine Arbeit beim ‚War Crimes' aus. Wir führten ein sehr aufschlußreiches Gespräch. Arthur erzählte mir, daß er während des Krieges Kriegsverbrecherlisten gesammelt und soeben ein Dossier mit Steckbriefen für Kriegsverbrecher bekommen habe. Das gab er mir."

„Arthur erklärte mir auch das Wesentliche der Arbeit der ‚Bricha': ‚Man muß, solange die Tore des Ostens offenstehen, Juden von dort retten. Schon die gewaltige Zahl der heimatlosen Juden wird einen Druck zur Öffnung der Tore Palästinas ausüben. Die Zeit arbeitet gegen uns, wir müssen uns beeilen. Ich selber würde gern nach Kriegsverbrechern fahnden, aber dazu habe ich zuwenig Zeit.'

Arthur trug eine interalliierte Phantasieuniform. Kein Mensch wußte, ob es eine englische, amerikanische oder französische war, und ich merkte, daß er sehr gute Beziehungen nach allen Seiten hatte."

„Meine ganze Energie galt jetzt der Gründung einer eigenen Institution. Ich besprach die Sache mit Arthur (Arthur Pier, später Asher Ben Nathan), der sich meiner Meinung anschloß. Ich arbeitete die Statuten aus und meldete die Gründung nach dem österreichischen Vereinsgesetz als ‚Jüdische Historische Dokumentation' mit dem Sitz in Linz, Goethestr. 63, an. Schon vorher gründete ich den Jüdischen KZ-Verband, dessen Vorsitzender ich wurde; wir hatten fast viertausend Mitglieder und ein Büro ebenfalls in der Goethestraße. Ich konnte daher technisch beide Büros zusammenschließen.

Die ‚Documentation' stützte sich in ihrer Arbeit hauptsächlich auf ehemalige KZ-Häftlinge; zusammen mit unseren Vertretern in verschiedenen Flüchtlingslagern waren zwischen zwanzig und dreißig Personen tätig; die Anzahl wechselte ständig. Wir mußten uns vor allem ein Archiv und eine Zeugenkartei schaffen. Vertreter der Dokumentation saßen in den Lagern und nahmen Zeugenaussagen Überlebender auf, wobei besonderes Gewicht auf Namen und Personenbeschreibung der Verbrecher gelegt wurde, die Juden geschädigt hatten. Meine Freunde vom ‚War Crimes' gaben mir die amerikanische Kriegsverbrecherliste und auch eine Liste der Inhaftierten. Diese Listen verglichen wir nun mit der Liste, die auf Grund der Zeugenaussagen entstanden war, und so konnten wir schon nach zwei Monaten eine größere Anzahl von Zeugen für die vorzubereitenden Kriegsverbrecherprozesse nennen. Sofort nahmen wir Verbindung auf zur Historischen Kommission in München und zum Verband der jüdischen Kultusgemeinden in Prag, in Bratislava, in Budapest, in Italien, in Griechenland, zum ‚Centre de Documentation Juive Contemporaine' in Paris und noch zu vielen anderen Stellen. Statutenmäßig hatte alles seine Ordnung, denn in den Vereinszielen hieß es: Historische Forschung über die jüdischen Tragödien in der Nazizeit. Das stimmte, wir gingen jedoch einen Schritt weiter, denn wir werteten die Ergebnisse dieser Forschung aus, wobei wir sowohl mit den österreichischen wie auch mit den alliierten Behörden zusammenarbeiteten. Nach einigen Monaten waren wir so gut eingeführt, daß viele Regierungsstellen im Ausland sich an uns direkt wandten mit der Bitte um Dokumente oder um Zeugenaussagen. Man schickte uns Anfragen, Fotografien und so weiter. Die Arbeit der Dokumentation gestaltete sich viel unkomplizierter als die einer offiziellen Dienststelle. Wenn zum Beispiel eine amerikanische Stelle über das Vorleben eines Nazis, der aus der Tschechoslowakei stammte und der jetzt in Österreich oder in Deutschland lebte, Nachrichten haben wollte, mußte sie an das Hauptquartier schreiben; die Anfrage wurde dann über zwei oder drei Stellen zum tschechischen Verbindungsoffizier weitergeleitet, dieser leitete das Ansuchen nach Prag, dort ging es wiederum über einige Stellen, und zurück mußte es denselben Weg gehen. Noch viel schwieriger war eine solche Sache durch österreichische Behörden zu bewältigen. Es nahm Monate in Anspruch, und das Ergebnis war immer ungewiß. Für uns war die Sache einfach. Wenn es galt, eine Information aus Bulgarien, Polen oder der Tschechoslowakei zu beschaffen, schrieben wir einfach an eine entsprechende jüdische Stelle dorthin, und spätestens in zwei Wochen hatten wir alle notwendigen Auskünfte. Ich möchte hier besonders betonen, daß wir mit dem Verband der Kultusgemeinden in der Tschechoslowakei sehr eng zusammengearbeitet haben und von dort fast immer postwendend Antwort bekamen. Die östereichischen Sicherheitsdienststellen erfuhren bald von unseren Möglichkeiten, und wir wurden von ihnen mit Ansuchen überhäuft, Auskünfte in der Tschechoslowakei oder in Ungarn über Nazis, die sich jetzt in Österreich befanden, einzuholen. Wir entsprachen diesen Bitten, und es entwickelte sich eine Zusammenarbeit, die zur Zufriedenheit aller verlief. Genauso verhielt es sich auch mit amerikanischen 'War Crimes,-Stellen. Wir haben im Laufe der Arbeit in der Dokumentation Hunderte von Kriegsverbrecherdossiers zusammengestellt, wir lieferten Material für Hunderte von Verhaftungen, nicht nur in Österreich oder in Deutschland, sondern auch in anderen europäischen Ländern. Wir machten in jüdischen Lagern Ausstellungen von Fotografien von Kriegsverbrechern, wir suchten Zeugen, stellten kurze Beschreibungen über die Vernichtung von einzelnen jüdischen Gemeinden in Europa auf. Bereits nach einem Jahr besaßen wir eine Kartei von über tausend Ortschaften. Es waren Konzentrationslager und deren Außenstellen, Ghettos sowie überhaupt Ortschaften, in denen Juden vernichtet wurden. In unserer Kartei waren sowohl die Namen der Kriegsverbrecher vermerkt, die in diesen Ortschaften tätig gewesen waren, als auch die Namen der Zeugen.

Ich möchte hier von den vielen Mitarbeitern, die die Dokumentation hatte, besonders zwei Personen würdigen, die mich in der Arbeit in der Dokumentation unterstützt haben. Es war der Kanzleichef, Josef

Weissmann (jetzt Kirjath Ono). Ich habe in meiner ganzen Tätigkeit nach dem Kriege kaum solche Freunde und Menschen gefunden, die dieses Werk, das wir zusammen schufen und leiteten, so verstanden haben. Sie waren mit Leib und Seele dabei, und die Erfolge, die wir hatten, sind ihnen zum großen Teil zuzuschreiben."

„Unsere Dokumentation bekam eine Einladung nach Paris zu einer europäischen Konferenz der jüdisch-historischen Forschungszentren für den 9. Dezember 1947. Wir hatten bereits zahlreiche verzweigte Verbindungen mit verschiedenen jüdischen historischen Institutionen. Die Art der Arbeit wie sie unsere Documentation leistete, die das Hauptgewicht auf die Verfolgung der Kriegsverbrecher legte, wurde nur noch von einer anderen in Wien tätigen Documentation geteilt. Die Wiener Documentation stand unter der Leitung von Tadek Friedmann, der sehr agil war und mit dem wir oft gemeinsam verschiedene Kriegsverbrecherfragen behandelten. Unsere Documentationen ergänzten sich: Wir hatten hauptsächlich Verbindung zu den West-Alliierten und zu den lokalen österreichischen Polizeistellen, die Wiener Documentation hatte dank Friedmann gute Beziehungen zur österreichischen Staatspolizei und zu manchen sowjetischen Dienststellen. Friedmann hatte viele Erfolge bei der Verfolgung der Kriegsverbrecher, er befaßte sich mit ganzen Gruppen von Wiener Schutzpolizisten, die während des Krieges ihr Vernichtungswerk in Galizien und auch anderswo getrieben hatten. Die Dokumentation in Wien enstand ein Jahr später nach der unseren und unter Hilfenahme unserer Statuten ...

... Die Zusammenarbeit zwischen uns und Friedmann gestaltete sich sehr eng und rege, wir wußten beide immer, welche Kriegsverbrecher verfolgt wurden, und wir schickten uns gegenseitig Material und Zeugenaussagen. Auch die Haltung auf der Pariser Dokumentations-Konferenz, bei der auch Friedmann teilnahm, war zwischen uns reibungslos abgestimmt.

Das Pariser Dokumentationszentrum war eine mächtige Organisation mit einem großen Apparat, einem umfangreichen Archiv und sehr guten politischen und diplomatischen Verbindungen. Es wurde von einem Mann mit großer Initiative geleitet, nämlich von Herrn Isaak Schneersohn, dem eine Reihe bewährter und anerkannter Wissenschafter zur Seite standen. Die Dokumtentation wies schon im Jahre 1947 eine Reihe wichtiger Publikationen auf. Auch andere Dokumentationszentren, die an der Pariser Konferenz teilnehmen sollten, hatten bereits mehrere Bücher und Broschüren über die vergangene Nazizeit publiziert. Das Ziel der Konferenz war, gegenseitig Erfahrungen auszutauschen und auf eine engere Zusammenarbeit hinzuarbeiten. Ich fuhr zu dieser Konferenz mit der Hoffnung, daß es mir gelingen könnte, die Arbeit anderer Dokumentationstentren durch das österreichische Beispiel zu beeinflussen. Ich hörte bei der Tagung viele wirklich gelehrte und wissenschaftliche Referate, ich lernte eine Reihe interessanter Menschen kennen und sah in der Ausstellung sehr interessante Publikationen. Ich hatte aber bei all 'dem das Gefühl, einer gewissen Enttäuschung. Man sprach von der Wichtigkeit, die Naziperiode nicht vergessen zu lassen, man sprach, wie wichtig es sei, für unsere Kinder und für künftige Geschlechter die Kunde von der großen Katastrophe - von diesem Blutbad, das sechs Millionen Juden verschlungen hat - in Form von Büchern festzuhalten. Die Konferenz beantwortete aber in meinen Augen die Frage nicht, die ich mir täglich stellte und die mir einst mein Kind stellen würde, genauso wie andere jüdische Väter von ihren Kindern und Enkelkindern gefragt werden würden: Was haben die Überlebenden getan, um die Verantwortlichen dieser Katastrophe der Sühne zu überantworten.

Es gab in jüdischen Kreisen ständig Debatten über die Haltung der Juden in der Nazizeit. Warum haben sich Millionen ohne Widerstand abschlachten lassen? Warum, wenn sie für sich keine Rettung mehr sahen, warum kämpften sie nicht? Das Beispiel des Aufstandes im Warschauer Ghetto im April 1943 und vereinzelte kleine Widerstandsnester in anderen Ghettos und Konzentrationslagern waren zwar eine Ehrenrettung, aber keine Beantwortung der Frage. Diese

Frage haben sich nicht nur Juden, die am Leben geblieben sind, oder Juden in anderen Ländern, die verschont blieben, diese Frage haben sich auch Nichtjuden gestellt. Warum ließen sich Millionen, die allein von der Masse her schon nicht wehrlos waren, abschlachten? Ich war einer in dieser Masse, aus der ich wahrscheinlich mehr durch Zufall als durch mein Verdienst am Leben blieb, obwohl ich mir mit einer Waffe in der Hand die Flucht aus dem KZ Lemberg unmittelbar vor der Vernichtung der Lagerinsassen erzwungen habe. Der Gedanke, daß noch mehr Juden hätten gerettet werden können, plagte mich und plagt mich heute noch.

Hier haben wir Fragen zu erwarten und zu beantworten, die sich unserem Einfluß entziehen. Aber jetzt geht es doch um die Nachkriegszeit, jetzt werden mit Recht unsere Kinder fragen: Was habt ihr unternommen, um die Schuldigen zu bestrafen? Wenn wir nichts tun, werden wir kaum ein Alibi finden. Die Generationen nach uns werden es uns nie verzeihen. Das jüdische Volk müßte doch das größte Interesse an der Verfolgung der Kriegsverbrecher haben, die Mörder sind am Leben geblieben und viele von ihnen scheint die Zahl von sechs Millionen ermordeter Juden noch nicht ausreichend. Sie werden sich immer und überall in der Welt mit den Feinden des Judentums verbinden. In meinen Augen ist die Verfolgung der Kriegsverbrecher die elementarste Abwehr, zu der die Juden verpflichtet und berechtigt sind.

Auf dieser Konferenz hielt ich ein Referat über die Rolle der Dokumentation bei der Verfolgung der Kriegsverbrecher. Für mich war das jüdische Volk noch nicht ganz ausgestorben - so wie es die Nazis hätten haben wollen - für mich gab es noch Überlebende, die Mut fassen sollten und die angesichts der mangelnden Bestrafung der Verbrecher vor dem seelischen Zugrundegehen gerettet werden mußten. Für mich war das jüdische Volk noch nicht so ausgestorben wie das der Etrusker oder Azteken, auch wenn es dezimiert war. Mir schien es zu wenig, daß die ganze Energie der Forschungszentren sich im Verfassen gelehrter Bücher und Erinnerungen erschöpfen sollte. Ich bejahte vor allem eine aktive Documentation, neben dem Schreiben der Bücher mußte Hilfe geleistet werden. Hilfe bei der Ermittlung der Kriegsverbrecher, beim Sammeln von Unterlagen für gerichtliche Verfolgungen. Das war für mich das Ziel einer Dokumentation, wenigstens für die ersten zehn Nachkriegsjahre. Mein Referat wurde als ‚interessant' befunden und beachtet, und in privaten Gesprächen gab man mir Recht.

Die versammelten Leute, sagte ich mir, waren eben keine Kämpfer. Es waren sehr ehrenwerte Menschen, es waren Gelehrte, Wissenschaftler, von denen nur ein Teil persöhnlich die Schrecken der Nazizeit am eigenen Leibe verspürt hatte. Ich sagte mir, nicht jeder hat eben das Zeug in sich, solche Konsequenzen zu ziehen, wie ich sie zog (Anmerkung des Autors: Ein sehr bescheidener Mensch!). Ich wußte, ich würde diesen mir vorgezeichneten Weg allein gehen, ich wußte außerdem, daß mein Kollege in Wien, Tadek Friedmann, genauso dachte. Bei dieser Konferenz war der stellvertretende Chef der Dokumentation des Nürnberger Tribunals, Fred Herz, anwesend, der meine Anregungen bejahte und mit dem ich dann innige Freundschaft schloß. Herz lud mich später mehrmals nach Nürnberg ein, und ich bekam eine Reihe von Dokumenten, die für unsere Arbeit von großer Wichtigkeit waren."

„Im Frühjahr 1952 war ich Mitarbeiter einer deutschen Wochenzeitung von gutem Niveau, „Echo der Woche", die in München von Hans Habe redigiert wurde. Dieses Blatt hatte keine lange Lebensdauer, es brachte mich aber in Berührung mit vielen interessanten Menschen, die für diese Zeitung geschrieben haben. Einige dieser Verbindungen verwandelten sich in eine Freundschaft, die bis zum heutigen Tage andauert."

„Selbstbildnis" Simon Wiesenthal

Das „J"

„Je nach dem Grund der Einweisung und der Nationalität trug jeder Häftling oberhalb oder manchmal neben der Nummer ein farbiges Dreieck; in diesem war der Anfangsbuchstabe seiner Nationalität verzeichnet; Polen ‚P', Tschechen ‚T', Jugoslawen ‚J', Franzosen ‚F', Ungarn ‚U', usw. Österreicher und manche Luxemburger hatten, so wie die deutschen Häftlinge, keinen Buchstaben im Dreieck. Bei den politischen Häftlingen, mit Ausnahme der Spanier (blau) und Bibelforscher (violett), war das Farbfeld rot, bei Kriminellen grün, bei den sogenannten Asozialen schwarz und bei den Homosexuellen war es rosa. Darüber hinaus gab es noch andere Unterscheidungsmerkmale; so z. B. mußten die Rückfälligen, das heißt, die zum zweiten Male ins KL eingewiesenen Häftlinge, oberhalb ihres Dreiecks einen Querstrich (Balken) tragen; die jüdischen Häftlinge waren mit rot-gelbem Zionstern gekennzeichnet."

Simon Wiesenthal: „Ich stand da in meiner verwaschenen, gestreiften Häftlingskleidung mit dem schwarzen ‚J' auf dem gelben Doppeldreieck". Irgendetwas stimmt da nicht: Was bedeutet das schwarze „J" - asozialer Jugoslawe? Aber das paßt doch gar nicht! Was soll man von solchen Widersprüchen halten?

Die „Affäre Wiesenthal"

Im September 1958 wurde Friedrich Peter, als eher „national" geltend, Obmann der „Freiheitlichen Partei Österreichs". Aus diesem Anlaß veröffentlichte das offizielle Wochenblatt „Neue Front" am 20. September 1958 aus dem Lebenslauf des neuen Parteiobmanns folgendes:

„Im 2. Weltkrieg machte er den Rußlandfeldzug in vorderster Front mit, war später in Südfrankreich und im damaligen Protektorat Böhmen und Mähren eingesetzt. Am Ende des Krieges rüstete er als Chef einer Panzerkompanie ab."

In den folgenden Jahren, und unter Peters Parteiobmannschaft, war die FPÖ nach und nach zu einer immer liberaleren Partei geworden. Vergleicht man die Ergebnisse der Nationalratswahlen, stagnierte die FPÖ - ja, die Partei verlor an Boden.

Für den 6. Oktober waren Nationalratswahlen angesetzt. Die Möglichkeit einer SPÖ-FPÖ-Koalition stand greifbar im Raume.

In diese Sachlage hinein wurde Wiesenthal aktiv: Er machte sich auf den Weg zum Staatsoberhaupt und legte Dr. Kirchschläger jene Dokumente vor, aus welchen er den Schluß ableitete, FPÖ-Chef Peter sei Angehöriger jener 1. SS-Infanteriebrigade gewesen, welche im Osten an Massenerschießungen von Juden beteiligt gewesen sei. Peter, so Wiesenthals Folgerung gegenüber dem Bundespräsidenten, sei als Politiker an sich und schon gar als etwaiger Vizekanzler in einer SPÖ-FPÖ-Koalitionsregierung völlig untragbar.

Nach Wiesenthals Darstellung sei Dr. Kirchschläger „sehr gerührt" gewesen. Aus anderer Quelle war zu vernehmen, der Bundespräsident habe Wiesenthals Eröffnung, er werde das Peter belastende Material erst nach dem Wahltag der Öffentlichkeit zugänglich machen, „mit Befriedigung" aufgenommen.

In der Folge informierte das Staatsoberhaupt, dem Bundeskanzler Dr. Kreisky über den Besuch Wiesenthals. Kreisky soll Wiesenthals

Eröffnungen - so verlautet - gelassen aufgenommen haben.

Wiesenthal, unmittelbar vor dem Wahltag von dem Journalisten Amerongen angesprochen, sagte diesem am Telefon, er fände es nicht richtig, sich in den Wahlkampf einzumischen. Und: „Warten Sie ab", sagte er geheimnisvoll. „Wie auch immer die Wahlen ausgehen, es kommt zu einer Koalition zwischen SPÖ und FPÖ."

6. Oktober: Die SPÖ behält (mit 93 Sitzen) die absolute Mehrheit. ÖVP: 80 und FPÖ 10 Mandate. Bundeskanzler Kreisky bedarf also der FPÖ als Koalitionspartner nicht und kann in der Folge erneut eine SPÖ-Alleinregierung bilden.

9. Oktober: Simon Wiesenthal „enthüllt" in einer Pressekonferenz anhand (faksimilierter) „SS-Kriegstagebücher", die der Wiener (ÖGB-nahe) „Europa-Verlag" in einem Buch bereits vor neun Jahren publiziert hatte (!) Peters „SS-Vergangenheit".

In dem Buch werden vor allem die Aktionen „Sumpffieber" und „Nürnberg" vom September 1942 genannt, die im wesentlichen nichts anderes als „Liquidierungsaktionen" gegen Partisanen und Juden waren. „Ein Einsatz dieser Brigaden in vorderster Front kommt deshalb nicht in Frage" (Himmler-Befehl vom 15.9.1941).

Peter hatte weder nach 1945, noch nach Erscheinen der bewußten Publikation des „Europa-Verlages" bestritten, Offizier der Waffen-SS gewesen zu sein. Tatsächlich habe er der 5. Kompanie des 10. Regimentes der 1. SS-Infantriebrigade angehört.

Wiesenthals Eröffnungen lösten äußerst konträre Reaktionen aus:

10. Oktober: Ein aufgebrachter Bundeskanzler Kreisky erklärt, Wiesenthals „Methoden seien die einer ..." (Selbstzensur, da ein Vergehen gemäß § 185 StGB vorliegen könnte).

Kreisky vor Journalisten:

„Sehen Sie, um diese lange Geschichte jetzt abzuschließen, möchte ich sagen, daß alles ist für mich eigentlich eine barocke Angelegenheit, die nur aktualisiert wurde durch Herrn Wiesenthal, den ich eigentlich nur kenne aus Geheimberichten, und die san schlecht, die sind sehr übel ... Und der Herr Wiesenthal hat halt zur Gestapo, behaupte ich, eine andere Beziehung gehabt als ich, ja, nachweisbar. Mehr kann ich nicht sagen, alles andere werde ich beim Prozeß sagen ... Das wird ein großer Prozeß deshalb, hoffe ich, weil ein Mann wie er kein Recht hat, nach alldem eine moralische Autorität zu spielen, behaupte ich. Weiter behaupte ich, daß er kein Recht hat, seinen Lebensunterhalt zu verdienen, indem er andere Menschen verfolgt ... Er hat nicht das Recht, in der österreichischen Politik zu bestimmen, der Mann muß verschwinden ... Und ich sage noch einmal, das hat überhaupt nichts damit zu tun, daß es hier darüber eine politische Auseinandersetzung gibt, ob ein Mann, der meiner Ansicht nach ein Agent ist, ja, und mit den Methoden einer ... arbeitet, damit alles bei Gericht leichter festgestellt wird ... Nein, er soll nicht vorgeben, das Gewissen für etwas zu sein, das er nicht sein kann, weil dazu einiges zu unklar ist in seiner Vergangenheit."

Meinen Sie, daß Wiesenthal ein Gestapo-Agent war?" fragte ein Reporter von UPI.

„Ich behaupte, daß Herr Wiesenthal in dieser Zeit einen Teil in der nazistischen Einflußsphäre gelebt hat, ... (Selbstzensur dto.) Ja? Und er offen gelebt hat, ... (Selbstzensur dto.), ja? Ist das klar?"

Wörtlich sei folgend nachgedruckt, was die „Salzburger Nachrichten" (unabhängig) am 11.10.1975 unter dem Titel „Kreisky spricht von ... (Selbstzensur dto.)-Methoden" (Untertitel „Kanzler befürchtet Antisemitismus") berichteten:

Bundeskanzler Bruno Kreisky verurteilt in schärfster Form die Vorwürfe des Leiters des jüdischen Dokumentationszentrums, Simon Wiesenthal, gegen FPÖ-Chef Peter wie die Tätigkeit Wiesenthals insgesamt. Kreisky sagte, er befürchte, daß die jüngste Aktion Wiesenthals eine neue Welle des Antisemitismus in Österreich auslösen könnte. ÖVP-Bundesparteiobmann Josef Taus verlangte, es müsse im Interesse der Betroffenen als auch des Staates eine rasche Klärung herbeigeführt werden. Peter verwahrte sich neuerlich nachdrücklich gegen den Verdacht. Er werde am Wochenende mit seinem Rechtsanwalt die weiteren Schritte überlegen.

Kreisky griff Wiesenthal in einem Pressegespräch heftig an. Er sei sicher, daß die Attacke in erster Linie ihm selbst gegolten habe. Wiesenthal hasse ihn, weil er wisse, daß er - Kreisky - seine Tätigkeit zutiefst verachte. Es sei hier eine ... (Selbstzensur dto.) am Werk, die mit ... (Selbstzensur dto.) Methoden arbeite. Wiesenthal gebe nicht immer der Wahrheit die Ehre und arbeite mit Tricks, über die er zur gegebenen Zeit noch reden wird.

Kreisky nimmt an, daß die politischen Hintergründe der Aktion Wiesenthals noch klarer würden. Wiesenthal und seine Clique versuchten, im Ausland zu hetzen. Als Beispiel nannte Kreisky die Niederlande, wo man gegen ihn selbst eine Kampagne auslösen wollte.

Es gehe im übrigen nicht an, daß in Österreich eine Privatpolizei existiere. Das Wirken Wiesenthals sei vom ‚Haß diktiert, bestenfalls sei es eine gefährliche G'schaftelhuberei'.

Seiner Meinung nach müßte nach so langer Zeit Schluß mit solchen Vorwürfen gemacht werden, meinte der Regierungschef. Er persönlich sei bereit, über ein Verjährungsgesetz zu diskutieren (auch das neue österreichische Strafrecht kennt für Mord keine Verjährung.- Die Red.).

Wiesenthals Methoden trägen jedenfalls nicht dazu bei, die Vergangenheit zu bewältigen, sie rissen die Vergangenheit nur immer wieder auf.

Peter werde nun wohl Schritte unternehmen, um Klarheit zu schaffen. Er - Kreisky müsse nur darauf hinweisen, daß ‚in der Politik der gute Ruf so wichtig wie das Leben sei'; was hat der Politiker sonst, fragte Kreisky. Er forderte Wiesenthal auf, den Behörden handfeste Unterlagen zu liefern, wenn er solche besitze.

Peter erklärte, es bestehe kein Anlaß, den Parteivorstand der FPÖ zu einer außerordentlichen Sitzung einzuberufen. Ähnlich äußerte sich sein Stellvertreter Gustav Zeilinger: ‚Der ganze Fall ist lediglich eine Affäre Wiesenthal und es bestehe kein Grund für eigene Beratungen in der FPÖ.' Zeilinger sagte, ihm sei seit 20 Jahren bekannt, daß Peter in der 1. SS-Infanterie-Brigade, die auch zu Säuberungsaktionen herangezogen worden war, Dienst getan habe. Mit haltlosen Verdächtigungen sollte eine ‚innenpolitische Zeitbombe' gezündet werden. Wiesenthal sei bemüht, das Ansehen Österreichs in der Welt zu untergraben. Der Leiter des Dokumentationszentrums gehöre einem ‚kleinen Kreis konservativer Juden an'. Laut Zeilinger hätten sich viele Juden vom Vorgehen Wiesenthals distanziert ...

„Volksblatt" (ÖVP):

„Am schärfsten verurteilte der Bundeskanzler die Behauptungen von Ing. Wiesenthal. Kreisky bezeichnete diese Aktion als ‚politische ... (Selbstzensur dto.)', die primär gegen ihn gerichtet gewesen sei, um eine kleine Koalition zu diskreditieren. Wiesenthal habe seine Behauptungen ohne Beweise vorgebracht. Dies sei glatter ... (Selbstzensur dto.) In einem Rechtsstaat müsse ein Ankläger auch die Beweislast tragen. Alle anderen Methoden seien nur in ... (Selbstzensur dto.) üblich. Kreisky griff dann den ORF an:'Bedauerlicherweise habe der ORF in seinen vorgestrigen Sendungen zu diesem Fall in einer Weise ‚Mithilfe für Wiesenthal geleistet' wie es in einer Demokratie nicht üblich sei.

FPÖ-Bundesobmann Peter erklärte, er habe der regulären Waffen-SS angehört und niemals an irgendwelchen verbrecherischen Aktionen teilgenommen. Es sei unglaublich, daß in einer Demokratie jemand auf eine derartige Weise ‚Privatjustiz' ausüben könne, wie Ing. Wiesenthal.

ÖVP-Bundesparteiobmann Dr. Taus erklärte, man solle den Fall im Interesse des Staates und der Person rasch und umfassend klären; es könne nicht Aufgabe der Volkspartei sein, in der Auseinandersetzung zwischen Ing. Wiesenthal und dem FPÖ-Obmann einzugreifen. Eines sei aber notwendig: Anschuldigung und Gegenbehauptung dürfen nicht im Raum stehenbleiben, sondern es müsse restlos Klarheit geschaffen werden. Das sei im Interesse der Sauberkeit unserer Demokratie notwendig. Für diese Klarheit könnten nur die beiden Betroffenen selbst und auch nur auf ihre Initiative möglicherweise die Gerichte sorgen.

Damit keine Mißverständnisse entstehen: Die Angaben stimmen, auch wenn sie nichts darüber aussagen, was Peter als Mitglied dieser Brigade tatsächlich gemacht hat, also keine Beweiskraft für eine Beschuldigung haben. Nur an die Wiesenthalschen Zufälle zu glauben, fällt schwer. Das Timing war zu offensichtlich: Die Enthüllung - warum sonst wurde sie denn vorsorglich aufgehoben - sollte in dem Augenblick platzen, da Kreisky mit den Führern der großen und der kleinen Opposition über eine mögliche Zusammenarbeit in der Regierung verhandelte."

Peter Rabl im Wiener „Kurier":

„Mit massiven Angriffen auf Simon Wiesenthal beantworteten Spitzenpolitiker von SPÖ und FPÖ dessen Enthüllungen über die SS-Vergangenheit des FPÖ-Obmanns Friedrich Peter. Nur ÖVP-Obmann Josef Taus forderte eine schnelle Aufklärung der Vorwürfe.

Am massivsten wandte sich der Bundeskanzler Bruno Kreisky in einem Telefongespräch mit dem ‚Kurier' gegen Wiesenthal: „Wo in der Welt, wo es einen Rechtsstaat gibt", fragte Kreisky, „darf jemand ohne Beweise Beschuldigungen von dieser Art gegen jemanden erheben? Nur weil es um einen Politiker geht, der dieser ... (Selbstzensur dto.) - ich sage es noch einmal, schreiben sie genau mit, der dieser ... (Selbstzensur dto.) nicht paßt!"

In Wirklichkeit meinte Kreisky, „richtet sich alles gegen mich. Das ist alles von langer Hand mit ... (Selbstzensur dto) -Methoden vorbereitet worden, um eine kleine Koalition hochgehen zu lassen, und damit auch mich."

Wie berichtet, legte der „Leiter des Jüdischen Dokumentationszentrums" in Wien, Simon Wiesenthal, Dokumente über Terror-"Säuberungen" hinter der Ostfront (Opfer: Zehntausende Juden) durch SS-Einheiten, denen Peter angehörte, vor. Der Inhalt dieser Anschuldigungen irritierte Kreisky nicht:

„Mein Verhältnis zum Abgeordneten Peter wird das in keiner Weise trüben."

Friedrich Peter selbst nannte gegenüber dem ‚Kurier' „Wiesenthals Vorgangsweise für einen ... (Selbstzensur dto.) untragbar". Außerdem stimmt „das Gefasel des Herrn Wiesenthal, man wisse nicht, daß ich bei der 1. SS-Infanteriebrigade gewesen bin, nicht. Das ist aus meinem Lebenslauf, der - seit ich Parteiobmann bin - aufliegt, leicht einsehbar."

In einem Telefonat mit dem „ZiB 2"-Redakteur Peter Pirker warf Peter Wiesenthal auch vor, „kein Freund Österreichs" zu sein.

Fragen nach dem Einsatz im „Partisanenkampf" beantwortete Peter dabei erregt mit: „Ich habe für das Vaterland meine Pflicht erfüllt, das war in keinem Falle eine Schande ... Daß dieses Vaterland Deutschland und nicht Österreich geheißen hat, war nicht unsere Schuld ... Ich war ein kleiner, 21jähriger Soldat."

Und auf die Rückfrage, was er als kleiner Soldat gemacht habe, noch immer erregt: „Stellungen bezogen, gehalten, gekämpft, wenn zu kämpfen war."

Wie berichtet, hatte Peters Einheit, laut Wiesenthal-Dokumenten, auf direkten Befehl des Reichsführers SS Heinrich Himmler die Aufgabe, das Hinterland der russischen Front zu „säubern" und war ausdrücklich von Einsätzen „an forderster Front" ausgenommen.

Als einzig prominenter Politiker forderte ÖVP-Obmann Josef Taus, die Angelegenheit „so rasch wie möglich zu klären - im Interesse des

Landes und der Personen. Das kann bis zu einer gerichtlichen Klärung gehen."

Josef Laschober in den „Oberösterreichischen Nachrichten" u. a.:

„Das Wühlen in der politischen Vergangenheit kann offenbar kein Ende finden. Dafür bürgt jedenfalls Simon Wiesenthal, der wohl nie ruhen und rasten mag, ein persönliches Anliegen aus ... (Selbstzensur dto.) -gefühlen zu befriedigen. Was aber jetzt Wiesenthal mit seinen ungeheueren Behauptungen gegen FPÖ-Obmann Peter anrichtete, daß gehört schon zu den bedenklichen Methoden.

Nicht nur Wiesenthal selbst mußte zugeben, daß es an juristischen Handhaben mangele, sondern auch heimische Strafbehörden fanden schon 1965 keine Anhaltspunkte für Anklagen. Zustandegebracht wurde vorerst nichts anderes, als daß erhobene Vorwürfe im Raum stehenbleiben. Eigentlich hätte man erwarten müssen, erst dann öffentlich vorzugehen, bis etwas Hieb- und Stichfestes vorliegt. Dann erst nämlich ist zu richten.

Jetzt liegt wieder ein politischer Scherbenhaufen vor. Denn eines scheint erreicht: Das Ansehen des Landes wurde geschädigt, weil im Ausland sicher etwas hängenbleibt. Es dürfte viel Mühe kosten, überall klarzumachen, daß die Österreicher kein Volk von Nazis und Schlächtern sind. Im Verallgemeinern ist man stets großzügig. In diesem Sinne handelte Wiesenthal sicherlich unbedacht und überflüssig. Aber auch fürs Inland mutet der Fall beinahe unappetitlich an. Es geht einfach nicht an, Menschen nur deswegen zu ruinieren, weil man vermutet, daß sie an Verbrechen beteiligt sein könnten. Das Mindeste, was man verlangen muß, sind konkrete Beweise, ehe damit öffentlich eine Szene veranstaltet wird."

Das Justizministerium veröffentlichte über die APA am 10. Oktober 1975 folgende Stellungnahme:

„Zu dem von Dipl.-Ing. Simon Wiesenthal gestern der Öffentlichkeit mitgeteilten Sachverhalt betreffend Erschießungsaktionen der ehemaligen 1. SS-Infanterie-Brigade in den Jahren 1941 und 1942 in der Sowjetunion wurde heute vom Bundesministerium für Justiz festgestellt, daß dieser Sachverhalt den österreichischen Justizbehörden bereits im Juli 1955 durch Mitteilung der deutschen Strafverfolgungsbehörden sowie der Übersendung des Kriegstagebuches dieser SS-Einheit bekanntgegeben worden ist. Gegen fünf österreichische Staatsbürger, die im deutschen Ermittlungsverfahren durch Zeugenaussagen belastet wurden, unter denen sich jedoch nicht der Abg. Friedrich Peter befunden hat, sind in Österreich gerichtliche Vorerhebungen durchgeführt worden.

Überdies wurden insgesamt 167 ehemalige Angehörige dieser SS-Einheit, die im Bundesgebiet festgestellt werden konnten, darunter am 28. November 1969 der FPÖ-Abgeordnete Peter, als Auskunftspersonen vernommen.

Die Prüfung der umfangreichen österreichischen und deutschen Erhebungsergebnisse durch die Staatsanwaltschaft Graz hat ergeben, daß gegen keinen der der inländischen Gerichtsbarkeit unterliegenden ehemaligen Angehörigen der 1. SS-Infanterie-Brigade konkrete Anhaltspunkte für eine Teilnahme oder Mitwirkung an Erschießungsaktionen hervorgekommen sind. Die Staatsanwaltschaft Graz hat daher im November 1971 die Einstellung des Verfahrens veranlaßt."

Das Wochenblatt der FPÖ, „Neue Freie Zeitung", Folge 42 vom 18. Oktober 1975, beschäftigt sich verständlicherweise besonders eingehend mit Wiesenthal bzw. seiner Peter-Aktivität. Unter dem Titel „Privatjustiz à la Wiesenthal" lesen wir u. a.:

„Sowenig die Aktion Wiesenthal „Sensationen" enthält, in einem Punkt ist sie doch überraschend. Sie hat nämlich in einigen Tageszeitungen, vor allem aber im Hörfunk und Fernsehen, ein unangemessenes Echo auch bei jenen gefunden, die selbst genau wissen müßten, wer Simon Wiesenthal wirklich ist. Seine unbewältigte Vergangenheit bezieht sich keineswegs nur auf den akademischen Titel Diplomingenieur, den er in Österreich ... trägt, und auf seine

Wichtigmacherei als ‚Eichmann-Jäger', ... (Selbstzensur dto.)."

Adolf Eichmann ist damals vom israelischen Geheimdienst nach Israel entführt und dort hingerichtet worden.

1967 wurde der Name Simon Wiesenthal im Zusammenhang mit einer Affäre genannt, bei der es um Spionageverdacht ging. In diese Affäre waren zwei Linzer Kriminalinspektoren verwickelt. FPÖ-Abgeordnete rollten den Fall im Parlament auf. Gleichzeitig aber wußte das ÖVP-"Volksblatt" zu berichten, daß nach einer Intervention Simon Wiesenthals die Angelegenheit als erledigt anzusehen sei, weil er die Beschuldigten entlastet habe. Der damalige ÖVP-Innenminister Hetzenauer bestritt zwar eine Intervention Wiesenthals, die Angelegenheit endete aber im Sinne der Meldung des „Volksblattes" wie das Hornberger Schießen. Es wurde kein Verfahren eingeleitet.

Weniger glimpflich verlief für Wiesenthal zwei Jahre später eine andere vom Parlament aufgedeckte Spionageaffäre.

Ein im Zusammenhang mit dem Spionagefall Alois Euler (später als Ost-Spion rechtskräftig verurteilter Pressemann des Innenministers Sornic, der Herausgeber) eingesetzter parlamentarischer Untersuchungsausschuß kam umfangreichen Tauschgeschäften mit Informationen auf die Spur. Dabei entpuppten sich als Hauptpersonen der wegen Spionage abgeurteilte Ex-Staatspolizist Johann Ableitinger und Simon Wiesenthal. Das merkwürdige Interesse der ÖVP an „Diskretion" in dieser Angelegenheit (es war die Zeit der ÖVP-Alleinregierung) beantworteten die beiden Oppositionsparteien SPÖ und FPÖ mit der Abfassung eines parlamentarischen Minderheitsberichts. Darin heißt es wörtlich:

„Bei Ableitinger wurden 46 Aktenstücke vorgefunden, die auf eine Tätigkeit Ableitingers für Diplomingenieur Wiesenthal hinweisen. Darunter befinden sich Erhebungsfälle, die nachweislich mit dem Zweck des von Dipl.-Ing. Wiesenthal geleiteten Jüdischen Dokumentationszentrums in keinem Zusammenhang stehen. Gegen Dipl.-

Ing. Wiesenthal sind gerichtliche Vorerhebungen wegen des Verdachts der Mitschuld am Verbrechen des Mißbrauchs der Amtsgewalt anhängig."

Zu diesem Minderheitsbericht erklärte der damalige SPÖ-Justizsprecher und jetzige Justizminister Doktor Broda, die Zusammenarbeit Ableitingers mit dem Jüdischen Dokumentationszentrum zeige, „daß die Zuerkennung parapolizeilicher Befugnisse an private Stellen unweigerlich zu jenem Zustand der ... (Selbstzensur dto.) und zwielichtigen Halbdunkels führe, dessen Ergebnis dann ein Scherbenhaufen an Vertrauens- und Autoritätsschwund ist. - Wir wollen keine Deligierung von Vollmachten auf staatspolizeilichem Gebiet an private Institutionen, welcher Art immer. Das gilt auch für das Jüdische Dokumentationszentrum des Dipl.-Ing. Wiesenthal, weil auch das nur eine solche private Institution ist. Nach unseren Gesetzen können wir pseudo- und parastaatspolizeiliche Funktionen nicht weitergeben und ausüben lassen. Mit dem System des unkontrollierbaren staatspolizeilichen Kompensationsgeschäftes muß Schluß gemacht werden."

Diese Zurechtweisung beantwortete Simon Wiesenthal 1970 mit der Beschnüffelung der Lebensläufe der Regierungsmitglieder der SPÖ-Minderheitsregierung. Es kam zum Fall Öllinger und zu weiteren Wiesenthal-Attacken auf Mitglieder des ersten Kreisky-Kabinetts. Auf dem Bundesparteitag der SPÖ im Juni 1970 schlug Leopold Gratz, damals SPÖ-Zentralsekretär, zurück.

Die Bemühungen, SPÖ-Funktionären eine Nazivergangenheit nachzuweisen, nehmen allmählich groteske Formen an, betonte Gratz und fügte ironisch hinzu: "Ich warte nur auf den Tag, an dem man versuchen wird, nachzuweisen, daß unser Parteivorsitzender der NSDAP angehört hat."

Die NFZ weiter unter „Volles Vertrauen für Peter":

„Bei der Aktion Wiesenthal spielte ganz deutlich die Absicht eine Rolle Unsicherheit in die Freiheitliche Partei Österreichs hineinzutragen. In diese Richtung zielten unverkennbar die bohrenden Fragen, die ORF-Reporter an Spitzenpolitiker der FPÖ richteten. Das Ergebnis war jedoch in allen Fällen klare Vertrauensbeweise für Friedrich Peter, wie aus den Erklärungen der Bundesparteiobmannstellvertreter Broesigke, Zeilinger, Götz und Scrinzi übereinstimmend hervorgeht.

Dr. Broesigke betonte, er würde es sehr begrüßen, wenn es eine Möglichkeit gäbe, vor Gericht zu gehen. Das wird derzeit geprüft, damit Simon Wiesenthal vor Augen geführt wird, daß man in der Öffentlichkeit nicht straflos Behauptungen aufstellen kann, die jeder Grundlage entbehren. „Ich stehe vorbehaltlos hinter Friedrich Peter, weil ich der Auffassung bin, daß das, was man ihm vorwirft, unwahr ist", faßte Broesigke seine Stellungnahme zusammen.

Abgeordneter Zeilinger wandte sich dagegen, daß Wiesenthal immer Privatrichter spielt. Wenn er irgendwelches Material hat, dann soll er nicht zum Fernsehen gehen, um für die internationale Presse ein Show abzuziehen. Allein zuständig ist der unabhängige Richter, dem soll er sein Material vorlegen. „Ich bin überzeugt", fügte Zeilinger hinzu, „jeder österreichische Richter würde Wiesenthal auf Grund des Materials, das er jetzt erwähnt hat, hinausschmeißen." Den Schaden der Affäre habe auf jeden Fall Österreich zu tragen.

Bürgermeister Götz wurde von ORF-Reportern gefragt, ob sich die Freiheitliche Partei mit ihren diversen Gremien mit der Diskussion über Wiesenthals Aktionen beschäftigen werde. Götz antwortete: „Auf Grund der Aussage des Simon Wiesenthal sicher nicht." Weiter gefragt, ob Bundesparteiobmann Peter aus dieser Diskussion angeschlagen herausgehen werde, bemerkte Götz: „Ich möchte mit aller Offenheit sagen, daß ich mich in keinem Bereich einem Kollektivschulddenken unterwerfen kann. Ich habe nie ein Hehl aus meiner Meinung gemacht, daß jeder, der persönliche Schuld auf sich geladen hat, diese Schuld zu sühnen hat. Aber, „Kollektivschuldner", also etwa Angehörige der Waffen-SS, deshalb zu verurteilen, weil sie Angehörige dieser Einheit waren, dazu habe ich mich nicht bekannt und werde mich auch jetzt nicht dazu bekennen."

Abg. Dr. Scrinzi vertrat die Meinung, die Tatsache, daß ein führender Funktionär oder Mandatar der Freiheitlichen Partei Offizier im Zweiten Weltkrieg war, sei dem Image der Partei keineswegs abträglich. Was nun die Zugehörigkeit Peters zu einer Einheit betrifft, der man angebliche verbrecherische, also nicht im Zuge von Kriegshandlungen erfolgte Aktionen anlastet, so gibt es hier vorerst nur Behauptungen des Herrn Wiesenthal. Wiesenthal habe schon öfter Behauptungen aufgestellt, für die er den Beweis nicht erbringen konnte. Solange seine Behauptungen über den freiheitlichen Bundesparteiobmann nicht erwiesen sind, „stehe ich uneingeschränkt hinter Friedrich Peter", hob Scrinzi hervor. Im Fernsehen wurden noch FPÖ-Jugendführer Jörg Haider und Abg. Dr. Stix um ihre Stellungnahme befragt. Haider bedauerte als Vertreter der Jugend, daß man in Österreich die Vergangenheitsbewältigung noch immer nicht geschafft habe. Auf die Frage, ob sich ein Mann wie Peter mit „solchen historischen Verstrickungen", auch wenn er konkret an allen diesen Ereignissen nicht mitgewirkt hat, in die Spitzenbereiche der Politik vorwagen sollte, antwortete Haider: „Ich glaube, da hätten wir in Österreich große Schwierigkeiten, denn es gibt eine Vielzahl von Personen im öffentlichen Leben, die aus allen Parteirichtungen kommen, die irgendwo in der Zeit der nationalsozialistischen Ära politisch tätig waren oder als Soldaten in führenden Positionen gestanden sind. Man würde ein Klima der Unsicherheit schaffen, wollte man dieser Generation ständig die Vergangenheit vorwerfen."

Abg. Stix betonte, er sehe keine Veranlassung für die FPÖ von ihrem Parteiobmann abzurücken, solange keine Klarheit bestehe, daß tatsächlich etwas Schwerwiegendes hinter den Anschuldigungen gegen Peter steht.

Zum Fall Wiesenthal liegt eine ganze Reihe von Erklärungen führender politischer Persönlichkeiten vor. Bundespräsident Kirchschläger betonte in einer Stellungnahme, es gehe um eine Angelegenheit der betroffenen Personen und der betroffenen Parteien, in die er sich nicht einmische. (Wiesenthal hat dem Bundespräsidenten das Material gegen Peter drei Tage vor der Wahl übergeben und berichtete nachher, Kirchschläger sei „sehr gerührt" gewesen.) Als Jurist, fügte Kirchschläger seiner Stellungnahme hinzu, halte er jemanden solange für unschuldig, solange nicht dessen Schuld gerichtlich bewiesen sei.

Der dritte Nationalratspräsident Otto Probst, der selbst in KZ-Haft war und Präsident der „Österreichisch-Israelischen Gesellschaft" ist, erklärte: „Ich halte Wiesenthals Vorgehen für sehr unnütz, weil er nichts Konkretes in der Hand hat. Soll er doch zu Gericht gehen, wenn er Dokumente hat."

Eine ÖVP-Stimme, nämlich der Salzburger Landeshauptmannstellvertreter Hauslauer, übte jedoch deutlicher an Wiesenthal Kritik. Vor 12.000 Kamaradschaftsbündlern wandte sich Hauslauer gegen eine „Parapolizei in Österreich", die in der Vergangenheit eines damals 21jährigen „herumschnüffle"."

„Kronen-Zeitung" vom 20. Oktober:

„Kreisky: „Peter ist durchaus ministrabel, denn schließlich wurde er wiederholt zum Abgeordneten gewählt."

Und auf derselben Seite lesen wir unten „Das sind ... (Selbstzensur dto.) -methoden":

„Es gibt eine Affäre Wiesenthal und keine Affäre Peter", faßte Bundeskanzler Dr. Kreisky seine Stellungnahme zur Aktion Wiesenthal zusammen. Es gäbe eine Gruppe um Wiesenthal, die auf eigene Faust Justiz spielen wolle: „Ich persönlich kann nur sagen, ich kenne den Herrn Ing. Wiesenthal, oder was er für einen Titel hat, daß ist eine ... (Selbstzensur dto), die da am Werk ist. Ich halte es für unverantwortlich, im höchsten Maß unverantwortlich, daß jemand derart gravierende Beschuldigungen, solche unbewiesenen Beschuldigungen, denn Wiesenthal selbst sagt, daß er keine Beweise hat, einfach in die Welt setzt."

Mit diesen Leuten habe er - Kreisky - schon genug Konfrontationen gehabt, er scheue keine neuen. Kreisky betonte, er glaube an eine gelenkte Aktion, an eine Zeitbombe gegen eine eventuelle Koalition SPÖ-FPÖ.

Auf die Frage, ob auch die ÖVP in die Affäre verwickelt sei, sagte Kreisky: „Ich möchte mich nicht äußern. Daß es aber manche nicht ungern gesehen haben, halte ich für unmöglich." (Am 13. Oktober wendete sich die ÖVP entschieden gegen „Unterstellungen", sie sei aus parteipolitischen Erwägungen an der Aktion Wiesenthals interessiert gewesen.)

Was Wiesenthal betreibe, heißt es weiter in Kreiskys Stellungnahme, sei ein gigantischer Rufmord: „Es gibt Leute, besonders Politiker, für die ist ihr Ruf wichtig wie ihr Leben. Hier sollte ein Politiker umgebracht werden." Nach Kreiskys Ansicht wäre es der mögliche Weg gewesen, inkriminierendes Material den Behörden zu übergeben. Über dieses Material hätte dann ein Richter zu entscheiden gehabt.

Kreisky betonte, er sei in dieser Angelegenheit sehr engagiert, weil er das „für eine richtige Niedertracht" halte. So bewältigte man die Vergangenheit nicht, im Gegenteil, man beschwöre sie herauf. Schließlich drückte Kreisky sein „großes Erstaunen" über die Mithilfe aus, die Wiesenthal im Rundfunk gefunden habe. Sie gehe weit über das hinaus, was nach der Ansicht Kreiskys in einem Rechtsstaat möglich ist."

Die „Kleine Zeitung" (Graz/Klagenfurt) führte aus der Feder Kurt Vorhofers am 21.10.1975 u. a. aus:

„Der Bundeskanzler hat bei seinem spektakulären Fernsehauftritt am Abend des 10. Oktober bekanntlich erklärt, die Attacken Wiesenthals gegen Peter wären das Werk einer ... (Selbstzensur dto), die es in erster Linie auf ihn selbst, nämlich auf Kreisky, abgesehen hätte: Geschützt durch seine ... (Selbstzensur dto.) Herkunft und unter Hinweis auf jene seiner Verwandten, die vom NS-Regime ermordet worden waren, gelang es Kreisky bei diesem Fernsehauftritt nicht nur, Peter in Schutz zu nehmen, Wiesenthal als Finsterling hinzustellen und die ÖVP als irgendwie mitschuldig zu brandmarken - es gelang ihm vor allem auch, sich selbst als die höchste Instanz in Fragen der Humanität und Gerechtigkeit zu präsentieren.

Das Echo in der Öffentlichkeit war für Kreisky und Peter zunächst überwiegend positiv und für Wiesenthal so negativ, daß die schon im September veröffentlichten Pogromwünsche eines aus Westdeutschland stammenden Neonazi-Blattes („Wiesenthal raus aus Wien!') in zahlreichen Morddrohungen gegen den Leiter des Dokumentationszentrums kulminierten.

Die Rolle Kreiskys in der Peter-Affäre kann gar nicht stark genug betont werden. Wie wäre Peter dagestanden, wenn der Kanzler im Fernsehen etwa gesagt hätte: ‚Also, das mit der SS-Infanteriebrigade, das ist mir völlig neu. Ich möchte mich heute zu Herrn Peters angeblichem Fronteinsatz nicht näher äußern, nur eines will ich sagen: Das muß geprüft werden!' usw. usw.? Arm wäre Peter dagestanden, ganz arm.

Und was hätte Kreisky gesagt, was hätten andere Sozialisten gesagt, wenn Peter nicht ein Schützling der SPÖ, sondern einer der ÖVP gewesen wäre? Wenn er etwa gar der SPÖ aus irgendeinem Grund gefährlich oder hinderlich wäre. Nicht auszudenken, was die Sozialisten dann gesagt hätten.

Denn die Vergangenheit ist für die SPÖ, auch in der Kreisky-Ära, stets dann eine praktische Waffe gewesen, wenn es die Vergangenheit des Gegners war. Erinnern wir uns doch an den letzten Bundespräsidentenwahlkampf, als sozialistische Vergangenheitsforscher enthüllten, daß der ÖVP-Kandidat Alois Lugger im Alter von 17 Jahren dem Heimatschutz angehört hatte. Auf den Versuch, Lugger fertigzumachen, reagierte dann prompt die ÖVP. Ihre Vergangenheitsforscher enthüllten, der SPÖ-Kandidat Kirchschläger hätte seinerzeit nicht nur der ÖVP, sondern vor 1928 auch der ‚Vaterländischen Front' angehört - also jener VF, die von den Sozialisten stets als faschistische Organisation gebrandmarkt wurde. Das wurde von der SPÖ aber genauso toleriert wie die Tatsache, daß auch der derzeitige Außenminister im Kabinett Kreisky, Erich Bielka-Karltreu, einmal VF-Mitglied gewesen war. (‚Freiwillig', wie Minister Bielka vor einigen Monaten einmal mitteilte: ‚die Parteien waren mir damals nicht österreichisch genug, und ich war immer ein 150prozentiger Österreicher', sagte uns der Außenminister.) So ist das also mit der Vergangenheit. Einmal ist sie eine Waffe, ein anderes Mal liefert sie das Stichwort für Toleranzedikte."

22.10.1975: Die SPÖ-„Arbeiter-Zeitung" berichtet:

„Ich werde das Parlament bitten, mich diesmal nicht durch die Immunität zu schützen", kündigte Bundeskanzler Kreisky an, als er neuerlich zu den Anschuldigungen Wiesenthals Stellung nahm. Er warte nur auf den von Wiesenthal angekündigten Prozeß. Solange nicht das Gegenteil bewiesen ist, müsse er FPÖ-Obmann Peter glauben, daß dieser an Erschießungen nicht teilgenommen hat.

Neuerlich stellte Kreisky zu den Aktivitäten Wiesenthals fest, daß es unerhört sei, was eine ... (Selbstzensur dto) mache, und daß Wiesenthal seit Jahren eine Kampagne gegen ihn reite. Wiesenthals Ideologie sei die posthume Übernahme ... (Selbstzensur dto.) mit umgekehrten Vorzeichen.

Der Widerstandsbewegung, die bekanntlich Peters Rücktritt gefordert hatte, warf Kreisky vor, „auf einem Auge blind" zu sein und nicht zu sehen, was in den kommunistischen Diktaturen geschieht. Auch bei einigen seiner eigenen jungen Parteifreunde, so Kreisky, vermisse er hinsichtlich der Geschehnisse in der kommunistischen Welt das gleiche Interesse, das sie etwa für Spanien oder Chile aufbringen.

Man dürfe die Zeit nach 1938 nicht isoliert betrachten. Kreisky: „Ich bin ein alter Illegaler. Von der Vergangenheit reden, heißt, nicht bei der Mitvergangenheit anfangen."

Mit Entschiedenheit wies Kreisky darauf hin, daß die politische Vergangenheit führender ÖVP-Politiker nicht in dem Maße aufgegriffen wurde wie die Peters. „Auch in der ÖVP", stellte Kreisky fest, „hat es Regierungsmitglieder gegeben, die bei der SS waren."

ÖVP-Generalsekretär Busek meinte die Äußerung Kreiskys, auch ein ÖVP-Regierungsmitglied sei Mitglied der SS gewesen, setzte den Kurs des Bundeskanzlers fort, die ÖVP in die Auseinandersetzung Wiesenthal gegen Peter hineinzuziehen. Er forderte Kreisky auf, den Namen jenes ÖVP-Mannes zu nennen.

„Die Presse" (Wien) berichtet an diesem 22.10.1975 u. a.

„Busek ist als Angehöriger der Nachkriegsgeneration der Meinung, man sollte mit dem Aufrühren der Vergangenheit Schluß machen.

„Wo hört man mit der Vergangenheit auf?" fragte Kreisky, der im Pressefoyer des Ministerrates sehr engagiert und emotionell agierte. Wenn man vom Jahre 1938 rede, müsse man auch über 1934 sprechen. Im übrigen warte er nur auf eine Klage Wiesenthals und hoffe, daß das seine Immunität aufgeben werde, „denn was diese ... (Selbstzensur dto.) macht, ist unerhört". Die Widerstandsbewegung selbst sei auf einem Auge blind. Bei ... (Selbstzensur dto.) linker Prägung schweige sie nämlich.

Zur Auseinandersetzung Wiesenthal - Peter selbst erklärte Kreisky, er glaube den Angaben des FPÖ-Obmanns ebenso, wie er Wiesenthals Angaben über sein Überleben in der NS-Ära Glauben schenke. Außerdem sei „jeder Abgeordnete zum Nationalrat ministrabel" - auch Peter. Für die Intoleranz und den ... (Selbstzensur dto.) Wiesenthals habe er kein Verständnis. Der Semitismus sei keine Rassenfrage, denn es gebe kein jüdisches Volk, nur eine jüdische Schicksalsgemeinschaft.

Am 27.10.1975 bringt Dr. h. c. Simon Wiesenthal (nicht mehr als „Dipl.-Ing."!) beim Strafbezirksgericht 1080 Wien gegen Bundeskanzler Dr. Kreisky Privatanklage ein wegen § 111 StGB (= „üble Nachrede"). Folgend der Wortlaut dieser Klage:

„Ich bin Leiter des Dokumentationszentrums des Bundes Jüdischer Verfolgter des Naziregimes, das seinen Sitz in 1010 Wien, Rudolfsplatz 7/III, hat.

Als solcher habe ich mir die Aufgabe gestellt, Personen, die während der nationalsozialistischen Gewaltherrschaft Kriegsverbrechen oder Verbrechen gegen die Menschlichkeit begangen haben, der Bestrafung durch die zuständigen staatlichen Organe zufzuühren. Außerdem sehe ich es als meine Pflicht an, zu verhüten, daß Personen, die durch ihre Tätigkeit in dieser Zeit in den Verdacht geraten sind, daß sie an der Ausführung von Kriegsverbrechen oder Verbrechen gegen die Menschlichkeit mitgewirkt haben, nicht in eine leitende politische Stellung der demokratischen Republik Österreich gelangen.

Ende September 1975 entdeckte ich bei der Durchsicht einer Liste von Personen, die vom SS-Führungshauptmann über Vorschlag der 1. SS-Infanteriebrigade zur SS-Führerausbildung namhaft gemacht worden war, auch den Namen des derzeitigen Bundesparteiobmannes der Freiheitlichen Partei Österreichs und Abgeordneten zum Nationalrat Peter. Da mir bekannt ist, daß die 1. SS-Brigade in den Jahren 1941 und 1942 in Rußland nicht an der Front gekämpft hat, sondern zur Bekämpfung von Partisanen und zur Vernichtung der jüdischen Zivilbevölkerung eingesetzt war, hat mich diese Feststellung besonders getroffen.

Der Vergleich der persönlichen Daten des Herrn Peter mit den auf der Liste befindlichen persönlichen Daten ergab zweifelsfrei, daß der in der Liste als Angehöriger der 1. SS-Brigade genannte Friedrich Peter mit ihm identisch ist.

Da ich nicht in den Wahlkampf eingreifen wollte, habe ich das mir zur Verfügung stehende Beweismaterial drei Tage vor der Wahl, am 2. Oktober 1975, dem Herrn Bundespräsidenten in einer persönlichen Aussprache übergeben und ihm gleichzeitig versichert, daß ich die mir eben erst bekannt gewordenen Tatsachen erst nach der Wahl der Öffentlichkeit bekanntmachen werde.

Dies habe ich in einer Pressekonferenz am 9. Oktober 1975 getan.

Herr Abgeordneter Peter stritt seine Zugehörigkeit zur 1. SS-Brigade während der Jahre 1941 und 1942, die bis dahin nicht bekannt gewesen war, nicht ab, sondern beschränkte sich auf persönliche Angriffe gegen mich.

Am 24. Oktober 1975 befaßte sich der Beschuldigte in einem Interview, das in zahlreichen Organen des In- und Auslandes veröffentlicht wurde, mit meinen Enthüllungen, indem er wörtlich ausführte:

„Peter persönlich hat die Erklärung abgegeben, daß er niemals an Erschießungen teilgenommen hat. Und ich persönlich kann nur sagen, ich kenne den Herrn Dipl. Ing. Wiesenthal, oder was er für einen Titel hat. Das ist eine ... (Selbstzensur dto.), die am Werk ist! Ich halte es für unverantwortlich, in höchstem Maße für unverantwortlich, einen derartigen sogenannten Amalgan - wie ich aus alten Prozessen her den Ausdruck nehmen möchte - solche unbewiesenen Beschuldigungen, von denen er selbst sagt, daß er keine Beweise hat, einfach in die Welt setzen kann. Es ist das für mich vielmehr eine Affäre Wiesenthal als eine Affäre Peter. Ich kann nur hoffen, es geht mich ja nichts an, aber ich kann nur hoffen, daß Herr Peter die Wege finden wird, die ihm hier offen stehen.

Es war die Aktion hauptsächlich gegen mich gerichtet, nämlich für den Fall einer kleinen Koalition, gegen mich Stimmung zu machen, eine Kampagne gegen mich zu entfesseln, wobei manche, so glaube ich annehmen zu können, wobei sie nicht sehr wählerisch in ihren Methoden gewesen wären. Und, das war es in Wirklichkeit. Ich erkläre noch einmal, daß ich das mißbillige, sondern verurteile, schärfstens verurteile. Und das sind Methoden einer quasi politischen ... (Selbstzensur dto.)."

Beweis für das bisherige Vorbringen:

vorzulegende Urkunden,

Einvernahme des Herrn Beschuldigten,

meine Einvernahme als Zeuge,

vorzulegende Niederschrift des Interviews.

Ich fühle mich durch die Behauptung in meiner Ehre verletzt, meine Methoden seien die einer „quasi politischen ... (Selbstzensur dto.)". Die ... (Selbstzensur dto.) ist als verbrecherische Organisation allgemein bekannt und der Durchschnittsbürger verbindet mit dem Begriff ... (Selbstzensur dto.) Mord und Erpressung. Wer behauptet, daß jemand ... (Selbstzensur dto.)-Methoden anwendet, beschuldigt den Betreffenden einer verbrecherischen Vorgangsweise. Damit erfüllt die inkriminierte Stelle des Interviews den Tatbestand des § 111 StGB.

Beweis: wie bisher.

Ich stelle daher den Strafantrag auf Bestrafung des Herrn Beschuldigten wegen Vergehens gemäß § 111 StGB.

Da der Herr Beschuldigte als Abgeordneter zum Nationalrat die Immunität genießt, stelle ich ferner den Antrag, beim Nationalrat die Auslieferung des Herrn Beschuldigten zum Zwecke der Strafverfolgung wegen des vorstehend genannten Vergehens zu beantragen.

Dr. h. c. Simon Wiesenthal"

Ebenfalls am 27. Oktober reicht Bundeskanzler Dr. Kreisky eine Privatanklage gegen „Profil"-Herausgeber Lingens ein.

1.11.1975: Auf 3 1/2 Druckseiten, in größter Aufmachung, unter der Schlagzeile „So stand Simon Wiesenthals „Material" gegen Abg. Peter: EINE FÄLSCHUNG DES CSSR-GEHEIMDIENSTES", schreibt das FPÖ-Wochenblatt „Neue Freie Zeitung" u. a.:

„Wiesenthal hat für seine ungeheuerlichen Beschuldigungen gegen Bundesparteiobmann Friedrich Peter nur eine „Unterlage": Das Kriegstagebuch der 1. SS-Infanteriebrigade, der Peter von Mitte 1941 bis September 1942 angehörte.

Dieses Kriegstagebuch ist eine Fälschung!

Der Beweis dafür wird nicht etwa von Angehörigen dieser Einheit, gleichsam in eigener Sache, erbracht, was sicher auf Skepsis stieße.

Den Beweis erbringt der Urheber, Organisator und Drahtzieher des großen Fälschercoups: Sein Name ist Ladislav Bittmann, der von 1964 bis 1966 stellvertretender Chef der „Abteilung für Desinformation" des tschechoslowakischen Geheimdienstes war!

Der Geheimdienstoffizier Bittmann beteiligte sich 1968 an der Demokratisierungsbewegung in der CSSR. Er lebt heute in den USA.

Er war nicht irgendein Geheimdienstoffizier, sondern Spezialist für die Geheimwaffe „Desinformation" oder - allgemeinverständlicher ausgedrückt - für die „Kunst der Nachrichtenfälschung"!

Das besagt auch der Titel des Buches, das er über seine Tätigkeit als stellvertretender Chef der Abteilung für Desinformation schrieb.

Es erschien erstmals 1972 in der Syracuse University Press, Syracuse/USA, in englischer Sprache: Der englische Buchtitel „The Deception Game", zu deutsch, „Täuschungsspiel", trifft den Kern der Sache. 1973 erschien eine französische Ausgabe. Die erste Ausgabe in deutscher Sprache erschien gleichfalls 1973 im Verlag SOI - Schweizerisches Ostinstitut. Deutscher Titel: "Geheimwaffe D": D wie Desinformation.

Bittmann beschreibt in allen Einzelheiten, wie es bei den sensationellen „Aktenfunden" in dem nahe der tschechoslowakisch-deutschen Grenze gelegenen romantischen Schwarzen See zugegangen ist:

Der tschechische Geheimdienst versenkte sorgfältig präparierte alte deutsche Militärkisten. Diese Kisten waren nur mit leerem Papier gefüllt!

Die „Dokumente" mit belastendem Material wurden erst aus Moskau nachgeliefert.

Auf diesem Weg entstand als Ergebnis der Arbeit einer „Speziallistengruppe" auch das von Wiesenthal als Waffe gegen Peter verwendete SS-Kriegstagebuch.

Bittmann erwähnt ausdrücklich, daß dieses „Material" vom tschechischen Geheimdienst dem Wiener Europa-Verlag zugespielt wurde (er hat das „Kriegstagebuch" herausgegeben).

Die großangelegte Fälschungskampagne, die „Operation Neptun" genannt wurde, gehörte zu den größten und erfolgreichsten Aktionen der Abteilung Desinformation des CSSR-Geheimdienstes. Ihr Ziel, die Verjährung von Kriegsverbrechen in der Bundesrepublik Deutschland zu verhindern, wurde prompt erreicht!

Das Prager Innenministerium spendete höchstes Lob: „Hervorragende Arbeit, ein Vorbild des kreativen Vorgehens auf dem Gebiet der Sonderoperation".

Bittmann selbst stellte bewundernt fest: „Die Fälschung von mehr als zwanzig Jahre alten Dokumenten ist eine technische Künstlerleistung."

Simon Wiesenthal nannte das SS-Kriegstagebuch ein „zeitloses Dokument": „Das sind keine Zeugenaussagen, das ist niedergeschrieben worden zur Tatzeit", fügte er mit besonderer Betonung hinzu. (Erklärung im Fernsehen, zweite „Zeit im Bild", 9. Oktober 1975.)

Es kümmerte Wiesenthal nicht, daß ihm Peter damals erwiderte: „Ich habe das Kriegstagebuch dieser Brigade nicht zur Kenntnis genommen, ich kenn's aus der damaligen Zeit und kann daher dazu nicht Stellung nehmen".

Zu diesem Zeitpunkt kannte Wiesenthal vermutlich Bittmanns Buch. Er wußte daher auch ganz genau, was das für „Beweismaterial" ist.

Das hinderte Simon Wiesenthal nicht, alle in seine Kampagne einzuspannen, die Massenmedien, den ORF und die österreichische Presse, das Ausland, insbesondere Israel, die Widerstandskämpfer, ja nicht einmal vor Österreichs Staatsoberhaupt machte er halt!

Damit ist aus einer Affäre Wiesenthal unwiderruflich der Skandal Wiesenthal geworden. In der NFZ-Dokumentation auf Seite 3 enthüllen wir, gestützt auf Bittmanns Buch, die „Anatomie einer ... (Selbstzensur dto.)", die über den gegenständlichen Fall hinaus die Frage aufwirft: Was ist einem Simon Wiesenthal in Österreich alles erlaubt?"

Soweit Auszüge aus der „NFZ" vom 1.11.1975.

„Wenn die Juden ein Volk sind, so ist es ein ... (Selbstzensur dto.) Volk!"

Dies erklärte Kanzler Kreisky am 3.11.1975 gegenüber einem israelischen Journalisten. Über den gesamten Hergang lesen wir in der „Wochenpresse":

Als Zeev Barth, Wiener Korrespondent des israelischen Rundfunks, des Gewerkschaftsorgans „Davar" und der Abendzeitung „Yedioth Ahronoth", am 3. November um 16.30 Uhr das Bundeskanzleramt am Wiener Ballhausplatz verließ, glaubte er nach einem halbstündigen Interview mit Kanzler Bruno Kreisky eine Presse- und Polit-Sensation ausgehoben zu haben: Kreisky habe, so berichtet Barth einigen Kollegen, in einem Wutanfall die Juden grob attackiert.

Noch wenige Stunden, bevor Barth über das Interview an den israelischen Rundfunk telephonierte, besann sich der Korrespondent eines anderen: Er strich die wütende Kreisky-Passage. Weil, so argumentiert der Redakteur, dem Nähe zur Sozialistischen Internationale attestiert wird, Kreiskys Pressesekretär Johannes Kunz ihn darum eindringlich gebeten habe. Kunz: „Das stimmt nicht."

Der emotionale Ausritt des Kanzlers erschien aber dann doch noch: Das deutsche Nachrichtenmagazin „Der Spiegel" brachte einen 79zeiligen Kasten mit dem Titel: „Kreisky: „Die Juden - ein ... (Selbstzensur dto.)." Die Wiener „Spiegel"-Korrespondentin Inge Santner-Cyrus war auf bislang ungeklärte Weise an die Tonbandaufzeichnungen gekommen und hatte die von Barth selbst zensierte Stelle eiligst an die Magazin-Zentrale nach Hamburg geschickt, von wo sie ihre weltweite Runde startete:

Auf die Frage des israelischen Rundfunk- und Zeitungskorrespondenten Zeev Barth: Was, bitte schön haben Sie verstanden unter ... (Selbstzensur dto.)? donnerte Kreisky: „Sagen Sie einmal, Herr Redakteur, kommen Sie zu mir und wollen Sie vom Bundeskanzler der Republik Auskünfte haben, oder wollen Sie mir ein Verhör machen ...? Die Juden nehmen sich so furchtbar viel mir gegenüber heraus, und das erlaube ich nicht. Würden Sie den Mut haben, den französischen Ministerpräsidenten so zu fragen? Das ist eine unerhörte Frechheit, ich schmeiße Sie am liebsten gleich hinaus ... Jetzt habe ich genug. Ich bin nicht dazu da, vor der jüdischen, der israelischen Öffentlichkeit mich wie ein Angeklagter zu verantworten."

Während Pressestimme Kunz den ungewohnten Ton des „Journalistenkanzlers" mit dessen Überarbeitung rechtfertigte, bastelte Barth bereits an einem Anhang zum Interview, den er den israelischen Hörern auch kredenzte: „Als ich das Büro des Bundeskanzlers eben verlassen wollte, zog mich der Kanzler auf einen Moment zurück und sagte mir, witzig sein wollend: „Wenn die Juden ein Volk sind, so ist es ein ... (Selbstzensur dto.)."

Dies mußte nicht nur von den Juden in aller Welt als mieser Satz empfunden werden ...

Barths Erwartung, der Bundeskanzler werde nicht dementieren, bestätigte sich nach der obligaten Ministerratsvorbesprechung. Kreisky: „Ich werde das nicht tun, weil ich ein Vieraugengespräch nicht dementiere ...".

Am Montag dieser Woche um 15.30 Uhr beeilte sich schließlich selbst „Spiegel"-Herausgeber Rudolf Augstein, dem Bundeskanzler sein Mißfallen über den Artikeltitel telegraphisch (2071 tj hamb d) zu bekunden: „Lieber Herr Kreisky. Wußte nichts von dem „Spiegel"-Kasten, Seite 22. Finde die Überschrift sachlich nicht richtig und auch nicht fair. Herzlichst Ihr Rudolf Augstein."

Der Kanzler kramt das Telegramm sichtlich amüsiert aus der rechten Tasche seines Nadelstreifensakkos, bevor er sich zum Moldenschen Presseheurigen anläßlich der Präsentation seiner Lobfibel „Die Ära Kreisky - Stimmen zu einem Phänomen" begab.

Scharf wird der Tonfall des Kanzlers indes, wenn er über seinen anstehenden Prozeß mit „Eichmann"-Jäger und Kreisky-Intimfeind Wiesenthal sinniert: „Dieser Mann hat seit Jahren im Ausland eine sehr schädliche Haltung eingenommen und so getan, als ob Österreich ein Refugium für Antisemiten und für Kriegsverbrecher sei. Niemand hat sich bisher getraut, diesem Mann zu replizieren. Jetzt ist Schluß." Im Dienstag-„Kurier" schließlich eröffnet der Regierungschef, wie er „den Beweis dafür, daß Wiesenthal im Krieg mit den Nazis in irgendeiner Weise ... (Selbstzensur dto.) hat," antreten will: „Da wird sich nicht vermeiden lassen, daß auch Nazis meine Gewährsleute sind." (Kreisky)

Darüber hinaus tat Kreisky in einer Pressekonferenz für die Auslandspresse im Presseklub „Concordia" ein übriges: Er wies bei diesem Auslands-Journalistentreff, bei dem ausdrücklich verlangt wurde, der Inlandspresse keine Meldungen weiterzugeben, in einem Exkurs über die „jüdischen Religionsgemeinschaften", die überall in der Welt Schicksalsgemeinschaften geworden sind", mit Nachdruck auf die lange Reihe seiner deutschen Vorfahren hin:

„Auf dem Boden Österreichs weiß ich nur eines, was ich der israelischen Bevölkerung gesagt habe, daß mein Großvater väterlicherseits ein deutschsprachiger Oberlehrer in Böhmen war und sogar Direktorstellvertreter in einer Lehrerbildungsanstalt in der alten Monarchie, sein Vater ein Lehrer war, seine Großmutter eine der ersten Deutschlehrerinnen in Böhmen war, ihr Bruder deutschsprachiger Reichstagsabgeordneter im österreichischen Parlament vor mehr als hundert Jahren war, mütterlicherseits die Vorfahren meiner Mutter Ärzte waren, auf Jahrhunderte zurückzuverfolgen zum Beispiel nach Dokumenten. Ja, wo anders soll mein eigenes Land sein als hier, ich frage, wo soll das sein?"

So bewirkt Kreisky geharnischtes Engagement gegen Wiesenthal, verbunden mit dessen Wehrwillen, diese Angriffe selbst gerichtlich abzublocken und schließlich auch das emotionsgeladene Interview des israelischen Korrespondenten mit dem Kanzler jedenfalls eines: Die beständige Dauerbelebung der „bewältigten Vergangenheit" durch den Chef der österreichischen Regierung."

Soweit die „Wochenpresse".

6.11.1975: Attacken von bisher ungewohnter Heftigkeit reitet Bundeskanzler Kreisky neuerlich gegen Simon Wiesenthal. Diesmal in der soeben erschienenen Nummer des „stern". In einem Interview wirft er Wiesenthal ... (Selbstzensur dto.) vor und erklärt, dieser habe seine österreichische Staatsbürgerschaft auf Intervention aus Oberösterreich zu Unrecht bekommen, weil er eine Tätigkeit betreibt, die den Interessen Österreichs abträglich ist.

Seine Haltung Wiesenthal gegenüber sei nicht von persönlichen Gründen bestimmt, sagt Kreisky im „stern". Sie beruhe vielmehr auf einer Fülle von Dokumenten und Unterlagen, die den Vorwurf der ... (Selbstzensur dto.) -tätigkeit Wiesenthals belegen. Aber „nicht nur das, es gibt noch sehr viel anderes Düsteres". Man müsse gegen Leute, die in Wirklichkeit eine ... (Selbstzensur dto.) -tätigkeit ausüben, schonungslos vorgehen.

Sein Material will Kreisky vorlegen, wenn es zu dem Prozeß kommt, den Wiesenthal gegen ihn angekündigt hat.

In dem Interview mit der Illustrierten „stern" hat Kreisky keinen Zweifel daran gelassen, daß die SPÖ seiner Auslieferung zustimmen werde, „denn meine Partei hat im Parlament ja die Mehrheit". Wie nun aus der Umgebung des Regierungschefs zu erfahren war, geht es Kreisky vor allem darum, Wiesenthals Tätigkeit während der NS-Ära an die Öffentlichkeit zu bringen.

Die Problematik der Auslieferung eines Abgeordneten zeigt „Die Presse" vom 8.11.1975 unter dem Titel „Anachronismus?" auf:

„Erst wenige Monate sind es her, da der Nationalrat sich eine neue Geschäftsordnung gegeben hat, in der auch der Artikel 57 der Verfassung Aufnahme fand. Er besagt, daß kein Abgeordneter wegen einer strafbaren Handlung ohne Zustimmung des Parlaments behördlich verfolgt werden darf. Die Volksvertreter sind also - außer sie werden bei der Verübung eines Verbrechens auf frischer Tat ertappt - unantastbar. Dies geht soweit, daß sie selbst dann ihre Immunität beibehalten müssen, wenn sie selbst gar keinen Wert darauf legen, sich dem Gericht stellen wollen, um den Kläger zu überführen. Bruno Kreisky hat schon früher gemeint, man solle mit diesem Privileg der Gewählten, das noch aus der feudalen Ära stammt, Schluß machen, doch jetzt will er an sich selbst ein Exempel statuieren, um den Fall Wiesenthal aufzurollen. Wird sich ihm der eigene Klub, werden sich auch die anderen Parteien beugen? Es geht um eine grundsätzliche Frage, bei der man nicht nur an die demokratische Gegenwart denken sollte. Wiewiet kann, wiewiet soll die Immunität der Abgeordneten Anno 1975 gehen? Ein Problem, dessen Lösung überfällig scheint."

10.11.1975: Die Ratskammer des Landesgerichtes für Strafsachen Wien hat in der Strafsache gegen Dr. Bruno Kreisky, wegen des „Vergebens der üblen Nachrede" nach § 111 StGB in nicht öffentlicher Sitzung einen Beschluß gefaßt:

... Dr. h. c. Simon Wiesenthal brachte am 29.10.1975 beim Strafbezirksgericht Wien einen Schriftsatz als Privatanklage gegen Dr.

Bruno Kreisky wegen des Vergehens nach § 111 StGB ein, in welchem zuerst eine Darstellung des Privatanklägers über seine Entdeckung gegeben wird, daß der Abgeordnete im Nationalrat, Friedrich Peter, der ersten SS-Infanteriebrigade angehört habe, die zur Bekämpfung von Partisanen und zur Vernichtung jüdischer Zivilbevölkerung eingesetzt gewesen sei, weiters die Erwägungen des Privatanklägers, diesen Umstand unmittelbar nach der Wahl zum Nationalrat in einer Pressekonferenz am 9.10.1975 bekannt zu geben. Danach wird der Wortlaut eines vom Beschuldigten Dr. Bruno Kreisky am 24.10.1975 vor Presseorganen gegebenen Interviews wiedergegeben. Daran knüpft sich ein Beweisangebot in Form vorzulegender - allerdings nicht näher bezeichneter - Urkunden, der Vernehmung des Beschuldigten, der Vernehmung des Privatanklägers und einer Niederschrift des erwähnten Interviews, danach folgt die Erklärung, daß die im Interview des Beschuldigten gemachte Äußerung, die Methoden des Privatanklägers seien die einer „quasi politischen ... (Selbstzensur dto.)" inkriminiert würden, und zwar als Vergehen nach § 111 StGB, der Antrag auf Bestrafung des Beschuldigten nach dieser Gesetzesstelle und der weitere Antrag beim Nationalrat, die Auslieferung des Beschuldigten, der als Abgeordneter zum Nationalrat Immunität genieße, zu erwirken.

Das Strafbezirksgericht Wien, bei dem dieser Schriftsatz eingebracht worden war, trat das Verfahren mit Beschluß vom 30.10.1975, 12 U 7731/75, an das Landesgericht für Strafsachen Wien ab, da es - durchaus zutreffend - die Ansicht vertrat, daß die Tat in der im Schriftsatz des Privatanklägers geschilderten Form auf eine Weise begangen worden sei, wodurch sie einer breiten Öffentlichkeit zugänglich geworden sei, daher der Strafsatz des § 111 Abs. 2 StGB zum Tragen käme und damit die sachliche Zuständigkeit des Bezirksgerichtes nicht gegeben sei.

Als Strafantrag vor dem Einzelrichter des Gerichtshofes I. Instanz ist jedoch der erwähnte Schriftsatz in der vorliegenden Form nicht geeignet. Er leidet an Formgebrechen ...

(Es folgen weitere Ausführungen). Schließlich heißt es:

Aus all diesen Gründen war der Antrag in der vorliegenden Form wegen Formgebrechen gem. § 486 Abs. 2 StPO vorläufig zurückgewiesen.

11.11.1975: Die kommunistische „Volksstimme" (Wien) empört sich über die Berichterstattung der in München erscheinenden (und auch in Österreich verbreiteten) „Deutschen Nationalzeitung". Wir lesen:

„Kreiskys wütendes Eintreten für SS-Peter hat ihm ein begeistertes Lob von einer Zeitung eingebracht, das so manchem ehrlichen SPler wahrscheinlich die Schamröte ins Gericht treiben wird. Das Blatt ist die Westdeutsche ‚Nationalzeitung', bekannt durch ihre massive Nazipropaganda und ihre ständigen Angriffe gegen alle, die es wagen, von österreichischer Nation zu reden.

Fünfspaltig auf der Titelseite fragt im Zusammenhang mit der Affäre Peter das Naziblatt ‚Widersteht Kreisky Israels Druck?' und fährt dann in der Einleitung fort: ‚Ein Segen für Österreich und ganz Deutschland, daß Dr. Bruno Kreisky Kanzler der deutschen Alpenrepublik ist? Daß eine national-freiheitliche deutsche Zeitung eine solche Frage in bezug auf einen internationalen Sozialisten stellt, der lange Jahre hindurch vom ‚österreichischen Menschen' schwärmt, mag im ersten Augenblick seltsam anmuten.'

Doch das ‚seltsame' wird erklärt: ‚Kreisky will die Aussöhnung mit den früheren Nationalsozialisten. Ihm ist klar, daß Haß und Rachsucht die Gegenwart zerstören und die Zukunft verbauen. Glückliches Österreich!'

Für das Naziblatt ist die ganze Affäre Peter nichts weiter als ein Anschlag des ‚israelischen ... (Selbstzensur dto.)', durchgeführt von Doktor Wiesenthal. Doch nicht allein gegen Peter. Genießerisch zitiert es das ‚Salzburger Volksblatt', das geschrieben hat: „Man könnte in diesen Tagen der Ansicht sein, daß das Weltjudentum (!), dessen Macht auch heute noch ungebrochen ist, Doktor Bruno

Kreisky auf die Liste derer setzt, die schwer oder nicht tragbar sind ... Dr. Bruno Kreisky wird die Gefahr, in die er sich nun begeben hat, nicht vergessen. Sie ist weit größer als die Gefahr, in die ihn seine politische Gegner in Österreich bringen können.'

Liebling der Nazipresse und angebliches Opfer des ‚Weltjudentums' - gut schaut er aus, der SPÖ-Vorsitzende und SPÖ-Kanzler, Doktor Kreisky!" - Soweit die „Volksstimme".

12.11.: Das SPÖ-Zentralorgan „Arbeiter-Zeitung" berichtet unter der Schlagzeile: „KREISKY: KENNE ZEUGENAUSSAGEN, DASS WIESENTHAL ... (Selbstzensur dto.) WAR" folgendes:

„Ich kenne Zeugenaussagen von Personen in Deutschland und Österreich, die besagen, daß Wiesenthal als ... (Selbstzensur dto.) arbeitete", sagte Bundeskanzler Kreisky laut einem Bericht der Agentur Associated Press vor Ausländerkorrespondenten in Wien. „Ich verstehe, daß Wiesenthal sein eigenes Leben retten wollte, aber er hat kein moralisches Recht, andere zu beschuldigen."

Ein Anzeichen dafür, daß Wiesenthal in der Nazizeit als ... (Selbstzensur dto.) habe, bestehe auch darin, daß dieser in der Nazizeit im ... (Selbstzensur dto.) gelebt habe, während Millionen anderer Juden in den Konzentrationslagern umgekommen seien.

„Mir wurde von verschiedenen Leuten auch gesagt", sagte der Bundeskanzler vor den Auslandskorrespondenten weiter, „daß Wiesenthal erklärt habe, Kreisky müsse verschwinden." Und Wiesenthal selbst habe gesagt, er habe keine Beweise gegen Peter. Der Bundeskanzler habe sich in dieser Affäre zu Wort gemeldet, „weil Wiesenthals Methoden Österreichs Ruf im Ausland schädigen und geradezu unmöglich sind. Hätte irgendeine andere Person ihre Stimme erhoben, hätte Wiesenthal sagen können, daß Antisemitismus der Grund dafür sei. In meinem Fall besteht jedoch keine Gefahr, daß man mich des Antisemitismus beschuldigt". Andererseits verpflichte ihn seine jüdische Abstammung jedoch auch nicht zu irgendeiner „besonderen Loyalität" gegenüber Israel.

Österreichs auflagenstärkste Tageszeitung, die „Neue Kronenzeitung", vom 12.11.1975 unter der Schlagzeile: WELTWEITES AUFSEHEN UM DIE FEHDE ZWISCHEN WIESENTHAL UND KREISKY u. a.:

„Weltweites Aufsehen hat jetzt die Fehde zwischen Bundeskanzler Kreisky und Nazijäger Simon Wiesenthal erregt. Zuletzt haben Israels Rundfunk und Fernsehen Interviews mit den beiden Streitpartnern gemacht. Andere Fernsehstationen meldeten dieser Tage ihr Interesse an der ‚Story' an. Außerdem laufen im Bundeskanzleramt und bei Wiesenthal die Telefone heiß, weil ausländische Zeitungen Stellungnahmen einholen.

Wiesenthal selbst hat inzwischen beim Landesgericht für Strafsachen in Wien die Klage gegen Bundeskanzler Kreisky wegen übler Nachrede eingebracht. Der Regierungschef, total auf Konfrontation eingestellt, will für diese Gerichtsverhandlung die Aufhebung der Immunität durch das Parlament mit allen Mitteln durchsetzen und notfalls sogar sein Abgeordnetenmandat zurücklegen.

Damit ist aus dem Streit zwischen Wiesenthal und Peter, bei dem es um die Zugehörigkeit des FP-Chefs zu einer SS-Brigade im Zweiten Weltkrieg und um Kriegsverbrechen geht, endgültig eine Fehde zwischen Wiesenthal und Kreisky geworden. Die persönliche Feindschaft der beiden beruht unter anderem auf dem erfolglosen Versuch Wiesenthals, sich in die Außenpolitik Kreiskys einzumischen ...

Jetzt schießt der Kanzler zurück ... Kreisky wörtlich: ‚Wiesenthal hat kein Recht, in der österreichischen Innenpolitik mitzumischen. Er soll verschwinden.'

Dazu Wiesenthals Antwort: Er werde vor Gericht zu den Anschuldigungen Stellung nehmen. Nur die Polen hatten ihn beschuldigt, ein ... (Selbstzensur dto.) zu sein, und das sei nach der Veröffentlichung seines Buches über Antisemitismus in Polen gewesen."

Die österreichische Presse, wie auch bedeutende Blätter des Auslands, beschäftigten sich eingehend über die „Affäre Wiesenthal/

Kreisky". So berichtet beispielsweise die „Frankfurter Allgemeine" vom 13.11.1975 u. a. folgendes:

„Die seit Jahren schwelenden Auseinandersetzungen zwischen dem Österreichischen Bundeskanzler Bruno Kreisky und dem Leiter des Jüdischen Dokumentationszentrums in Wien, Simon Wiesenthal, haben sich zu einer geradezu dramatischen Konfrontation entwickelt, die in naher Zukunft auch vor Gericht ausgetragen werden wird ...

„Es wird ein großer Prozeß werden", sagte der Kanzler vor Auslandsjournalisten in Wien. Kreisky will erreichen, daß das Parlament seine Immunität aufhebt, um sich mit Wiesenthal vor den Schranken des Gerichts auseinandersetzen zu können. Er hat durchblicken lassen, daß er unter Umständen sogar bereit wäre, sein Abgeordnetenmandat niederzulegen, falls ihm der Nationalrat die Aufhebung der Immunität verweigern sollte. So sehr liegt Kreisky an dem Zustandekommen des Prozesses. Er sagte vor der Auslandspresse, er halte es für eine Frage der Gerechtigkeit, daß er sich in der Angelegenheit Wiesenthal engagiere und daß er dessen „ständiges Skandalisieren in der Öffentlichkeit", ohne konkret etwas nachweisen zu können, ein Ende bereite. Wiesenthal sei der letzte, der sich erlauben dürfe, moralische Autorität zu spielen, sagte der Kanzler. Er solle nicht davon leben, daß er Leute verfolge, denn was man über ihn selbst wisse, sei übel. Es sei dringend nötig, so Kreisky, daß man Wiesenthal „das Handwerk lege". Das aber könne nur jemand wie er ... (Selbstzensur wegen der Möglichkeit eine strafbare Handlung gemäß § 130 zu begehen.) Kreisky wies mit Nachdruck darauf hin, daß Wiesenthal in der ... (Selbstzensur dto. § 185), das im nationalsozialistischen Einflußbereich lag. „Sie wissen, daß konnte damals kein Jude riskieren", sagte Kreisky vor den Vertretern der ausländischen Presse in Wien, von denen mehrere und zwar nicht nur die Israelis, die Haltung des Kanzlers in dieser Angelegenheit sehr kritisch beurteilen. Kreisky, dem diese Kritik bekannt ist, schränkte allerdings ein, er wolle damit nicht sagen, daß Wiesenthal als

Gestapoagent gearbeitet habe. Es habe damals viele andere Möglichkeiten gegeben. Er verstehe auch, daß Wiesenthal sein Leben unter den Nazis habe retten wollen. Jeder habe das auf seine Art versucht - aber er solle sich jetzt nicht als eine moralische Autorität fühlen. Er wisse von mehreren deutschen und österreichischen Zeugen, die genau über Wiesenthals Vergangenheit Auskunft geben könnten, sagte Kreisky. Er warf Wiesenthal auch vor, 1968 in die österreichische Agentenaffäre Ableitinger, bei der es um die Zusammenarbeit eines Staatspolizisten mit dem tschechoslowakischen Geheimdienst gegangen war, verwickelt gewesen zu sein. „Wiesenthal ist jedenfalls kein feiner Herr", erklärte der österreichische Regierungschef voll Emotion.

Wie hart die Auseinandersetzung zwischen Kreisky und Wiesenthal ist, geht daraus hervor, daß Wiesenthal laut Kreisky schon im Jahr 1970 zu einem österreichischen Zeitungsherausgeber gesagt haben soll, der Kreisky müsse verschwinden. Dafür gäbe es mehrere Zeugen, sagte der Kanzler. Erst vor fünf Wochen habe Wiesenthal auf einem Flugplatz abermals vor Zeugen geäußert, der Kreisky müsse vernichtet werden. Er fürchte Wiesenthal nicht. Er werde jedoch dafür sorgen, daß dieser nicht mehr länger vorgeben könne, das Gewissen für etwas zu sein, was gerade ihm nicht zukomme.

Es geht hierbei nicht nur um die Privatjustiz Simon Wiesenthals, die dem österreichischen Kanzler ein Dorn im Auge ist, sondern auch um den von Wiesenthal immer wieder verfochtenen zionistischen Anspruch, Kreisky sei als Abkömmling einer jüdischen Familie dem Judentum im allgemeinen und dem Staate Israel im besonderen zu Loyalität verpflichtet. Dieser auch von israelischen Politikern und Zeitungen wiederholt vertretenen Auffassung ist der österreichische Regierungschef immer wieder entgegengetreten. „Ich halte die Methode, Juden oder jüdische Abkömmlinge in ihrem Heimatland suspekt zu machen, indem man sie als Teil einer sogenannten jüdischen Schicksalsgemeinschaft sowie für Israel reklamiert, damit aber in ihrer wahren Heimat isoliert, für eine umgekehrte Form des

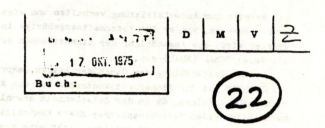

S C H - P-50.207/75

Datum: 13.10.1975

Betr.: Information über ein mitgehörtes
Gespräch zwischen S. WIESENTHAL
und zwei unbekannten Passagieren
im Transitraum des Flughafens
Wien/Schwechat.

Ein Beamter der hs. Stelle konnte am 12.10.1975 während seines Dienstes um ca. 14.25 Uhr im Transitbuffet des Flughafens Wien/Schwechat beobachten, wie der im vom Sehen her bekannte Leiter des jüdischen Dokumentationszentrums, Simon WIESENTHAL, zwei männliche Passagiere freundlich und händeschüttelnd begrüßte. Das anschließend geführte Gespräch konnte der Beamte aus nächster Nähe mithören. Es beinhaltete sinngemäß etwa folgendes:

< WIESENTHAL sagte zu den zwei Passagieren ziemlich laut, er werde nicht dulden, daß PETER weiter als Politiker wirken könne, wo er doch während des Krieges einer Mordeinheit angehört habe. Weiters sagte WIESENTHAL, daß er das Verhalten von KREISKY ihm, WIESENTHAL, gegenüber im Zusammenhang mit der Sache PETER nicht hinnehmen werde. Er werde deshalb die Angehörigen von KREISKY näher überprüfen. Die Überprüfungen werden zwar einige Monate dauern, aber gegebenenfalls wird KREISKY die Konsequenzen tragen müssen. Schließlich sei es auch sein, WIESENTHALS, Werk, daß LUBKE die Konsequenzen gezogen hat. >

Während dieses Gespräches fiel ein weiterer Mann auf, der sich unmittelbar neben den hs. Beamten stellte, so als wollte er ebenfalls mithören. Als WIESENTHAL mit den beiden Gesprächspartnern zu den Abflug-Gates ging, entfernte sich der vermutliche Mithörer in entgegengesetzter Richtung zu den Ankunfts-Gates. Er wurde vom

versendet am :	REF.	LB
	videat	KANZLEI
	Chef	Pos. EA. Block einlegen
	EVIDENZ ausw.	

hs. Beamten zur Ausweisleistung verhalten und wies sich mit Jhem grünen Ausweis, wie er für Botschaftsangehörige in Österreich ausgegeben wird, als Angehöriger der Libanesischen Botschaft in Wien mit Namen SCHAL (SHAL) aus.

Die Feststellung der Namen der beiden Gesprächspartner WIESENTHALS bei der Sicherheitskontrolle vor den Abflug-Gates konnte nicht mehr erfolgen, da in der Zwischenzeit sowohl WIESENTHAL als auch seine beiden Gesprächspartner diese Kontrolle bereits passiert hatten und auch auf den Flugsteigen nicht mehr angetroffen werden konnten. Da im Zuge des mitgehörten Gespräches nur WIESENTHAL dem hs. Beamten zugewendet war, die beiden Gesprächspartner aber mit dem Rücken zum Beamten standen, war diesem eine Personsbeschreibung der beiden nicht möglich. Er konnte lediglich angeben, daß beide ca. 170 cm groß waren und es sich um einen jüngeren und um einen älteren Mann handelte.

Im Zuge anschließender Erhebungen konnte festgestellt werden, daß WIESENTHAL am 12.10.1975, um 14.40 Uhr, mit Kursmaschine der Lufthansa, Flug LH 255, von Wien/Schwechat nach Frankfurt ausgereist ist. Laut Ticketabschnitt hat WIESENTHAL folgende Reiseroute o.k. gebucht: Am 14.10.1975 mit SK 623 um 12.20 Uhr von Frankfurt nach Kopenhagen, am 19.10.1975 mit SK 635 um 14.40 Uhr von Kopenhagen nach Frankfurt und am 20.10.1975 mit OS 406 um 21.10. Uhr von Frankfurt nach Wien/Schwechat mit Planankunft um 22.25 Uhr.

Ob auch die beiden Gesprächspartner nach Frankfurt gereist sind konnte nicht ermittelt werden. Aufgrund der Ticketabschnitte des Kursfluges LH 255 vom 12.10.1975 wurde von ho. eine Passagierliste aller Passagiere dieses Fluges angefertigt, die dem Informationsbericht beiliegt.

Faksimile des Berichtes eines Beamten der Abteilung I (= Staatspolizei), gerichtet an seine vorgesetzte Stelle. (Aus dem Strafakt des (6f Str. S. Wien, 2 d EVr 83399/75)

Antisemitismus, für einen posthumen Sieg ... (Selbstzensur dto.)."
Die israelische Bevölkerung habe kein Recht, Richter über sein
Verhalten sein zu wollen. Sich so etwas anzumaßen, sei ungeheurer
... (Selbstzensur §§ 130, 185). Seine Familie habe immer im
österreichischen Raum gelebt. Deshalb gebe es auch nichts, was ihn
mit Israel verbinde. Auch die jüdische Religion sei keine Begründung, denn dieser gehöre er nicht an.

Nun trat die Antwort der Justizbehörden auf die Anfrage des
österreichischen Justizministers ein, mit welchem Ergebnis die in
der Bundesrepublik Deutschland anhängig gewesenen Strafverfahren gegen ehemalige Angehörige der 1. SS-Infanteriebrigade (mot)
abgeschlossen worden sind. Aus dieser Antwort und der Auskunft
der „Zentralen Stelle" in Ludwigsburg geht eindeutig hervor, daß
gegen Friedrich Peter nichts vorliegt."

Das (Wiesenthal immer gewogene) Wiener Nachrichtenmagazin
„Profil" bringt auf nahezu zwei Druckseiten eine Darstellung, die
folgend wörtlich wiedergegeben sei:

„Aufzeichnung einer Pressekonferenz Bruno Kreiskys für die Auslandspresse im Presseclub Concordia am 10. November 1975. Die
Teilnehmer wurden ausdrücklich darauf hingewiesen, der österreichischen Presse keine Meldungen weiterzugeben.

Waha (Associated Press): Die Diskussion um den Streit zwischen
Simon Wiesenthal und Parteiobmann Peter hat sich in der Zwischenzeit meiner Ansicht nach zu einer oft heftig geführten Diskussion
zwischen Ihnen, Herr Bundeskanzler, Simon Wiesenthal und auch
zum Teil der jüdischen Kultusgemeinde in Wien entwickelt. Mich
würde aber sehr interessieren die prinzipielle Einstellung, die Sie,
Herr Bundeskanzler, haben, als ein Angehöriger der Schicksalsgemeinschaft, wie Sie sagen, zu dieser Schicksalsgemeinschaft im
allgemeinen und zum Staate Israel im besonderen, auch in Ihrer
Position als Bundeskanzler Österreichs.

Kreisky: Wissen Sie, ich bin es also nachgerade müde, das ist eine umgekehrte Form des Antisemitismus, die hier betrieben wird ...

(Es folgt eine Darlegung Kreiskys über sein Verhältnis zum Judentum, zum Zionismus und zum Staat Israel, die ihn unter anderem bis in einen Tempel in Tunis führt. Für seine Auseinandersetzung mit Wiesenthal sind diese Passagen, die ungefähr eine Heftseite füllen würden, unerheblich.)

Kreisky: ... Sehen Sie, um diese lange Geschichte jetzt abzuschließen, möchte ich sagen, das alles ist für mich eigentlich eine barocke Angelegenheit, die nur aktualisiert wurde durch Herrn Wiesenthal, den ich eigentlich nur kenne aus Geheimberichten, und die san schlecht, die sind sehr übel, ja, und ich kann es eben als Bundeskanzler, nicht weil wir einer Religionsgemeinschaft, die gar keine Gemeinschaft ist, denn das war keine, wir kommen aus ganz verschiedenen Kulturkreisen, aus verschiedenen Religionsgemeinschaften überhaupt, die waren schon verschieden. Es gibt keine Gemeinsamkeit mit dem Herrn Wiesenthal für mich, er hat sich auch keine herauszunehmen, so wie es für mich keine Gemeinsamkeit mit einem anderen gibt, den ich halt nicht mag oder will, net. Verstehen Sie mich? Und der Herr Wiesenthal hat zur Gestapo, behaupte ich, eine andere Beziehung gehabt als ich, ja, nachweisbar. Kann ich mehr sagen? Alles andere werde ich beim Prozeß sagen. Meine Beziehung zur Gestapo ist eindeutig ... Seine Beziehung ist eine andere, so glaube ich zu wissen, und das wird sich klarstellen lassen. Das ist doch genug arg, was ich hier sage, da wird er sich nicht mit einer Presseehrenbeleidigung abputzen können, wie er wollte. So einfach geht das nicht, das wird ein großer Prozeß deshalb, hoffe ich, deshalb, weil ein Mann wie er kein Recht hat, nach all dem eine moralische Autorität zu spielen, behaupte ich. Er hat kein Recht dazu.

(Es folgt Kreiskys bereits bekannte Sicht des Falles Peter, wonach nur der Nachweis persönlicher Verbrechen ihn von der Politik ausschließe. Danach eine Wiederholung seiner Überlegungen zum Judentum.)

Kreisky: ... Das hat überhaupt nichts damit zu tun, daß es hier eine politische Auseinandersetzung gibt, ob ein Mann, der meiner Ansicht nach ein ... (Selbstzensur dto.) ist, ja, und mit den Methoden einer ... (Selbstzensur dto.) arbeitet, damit das alles bei Gericht leichter feststellbar ist, mit den Methoden der ... (Selbstzensur dto.) arbeitet, daß der nicht das Recht haben darf, in der österreichischen Politik zu bestimmen. Der Mann muß verschwinden. Er hat 1970 gesagt zu einem bekannten Zeitungsherausgeber und Verleger, der Kreisky muß verschwinden. Dafür werde ich, so ein guter Bramawassmswmm, daß er den Eichmann nicht gefangen hat, wissen Sie auch, net wahr, gut, der muß verschwinden, hat er gesagt, net, und zwar aus vielen Gründen, da gibt's ja Zeugen, wenn er es bestreitet, wird dann bei Gericht der Zeuge aussagen. Er hat vor 4 bis 5 Wochen gesagt, am Flugplatz, der Kreisky muß vernichtet, es tut mir sehr leid um den Herrn Kreisky, aber er muß vernichtet werden, so ähnlich, net wahr, und noch anderes dazu. Das muß halt, wird vor Zeugen festgestellt, es gibt ja Zeugen für die Gespräche. Und da, dabei, davor fürchte ich mich nicht, sondern ich glaub', daß der Herr Wiesenthal nicht vernichtet werden muß, nein, er soll nur nicht vorgeben, das Gewissen für etwas zu sein, das er nicht sein kann, weil dazu einiges zu unklar ist in seiner Vergangenheit. Das unklar, ich behaupte nicht unklar, der Öffentlichkeit ist es verborgen geblieben. Es hat sich ja schon eine Parlamentskommission mit dem Herrn Wiesenthal beschäftigt, unter anderem vor zehn Jahren. Die ist nur immer wieder an die Grenze gestoßen, an die Geheimhaltung durch den Apparat, durch den jeweiligen Apparat, er ist ja im Zusammenhang mit Ableitinger genannt worden, dem ... (Selbstzensur dto.), er ist ja kein feiner Herr, und ich sage nur, das muß klargestellt werden, damit er nicht zu einer moralischen Autorität wird, die er nicht ist, der ist alles, ich verstehe, daß er sein Leben retten wollte unter den Nazis, jeder hat's auf seine Art versucht, net wahr, aber dann soll man sich nicht zu einer moralischen Autorität machen. Es ist eine lange Antwort, die mußte einmal gegeben werden, damit das dargestellt ist ...

Waha: Ja, aber glauben Sie, daß Herr Peter als ehemaliges Mitglied einer SS-Brigade das moralische Recht hat, eine Großpartei Österreichs zu führen?

Kreisky: Eine große, na, er führt doch zum Glück eine sehr kleine Partei. Das entscheidet in der Demokratie die Partei, und die Leute, die ihn gewählt haben, entscheiden das auch. Und dann muß ich Ihnen leider noch etwas sagen, meine Damen und Herren, ich muß es immer wieder sagen, schauen Sie, die österreichische Geschichte, den Teil, den ich miterlebt hab', daß sind bewußt 50 Jahre dieser Geschichte, sehr bewußt, ich würde fast sagen 60. Dieser Teil, der ist anders gelagert, und der ist schwer für Sie nachzuempfinden. Warum? Für mich ist die Österreichische Demokratie vernichtet worden im Jahre 1934. Für mich hat es zuerst den politischen Mord gegeben, den politischen Mord von oben im Jahre 1934 gegeben, ja, ich wiederhole das Wort: den politischen Mord. Das heißt die Tötung eines Menschen, weil er wegen seiner politischen Ansicht...

(Es folgt eine genauere Darstellung zu diesem Thema)

(Die Zwischenfrage des UPI-Reporters und die darauffolgende Antwort von Kreisky fiel der Selbstzensur zum Opfer.)

Hörhager, BRD: Herr Bundeskanzler, Sie stützen Ihre Kritik gegen Wiesenthal auf Geheimdienstberichte, können Sie uns ...

Kreisky: Nein, nein, auf Geheimdienstberichte nicht, auf Aussagen von Leuten aus dieser Zeit.

Hörhager: Also ich wollte fragen, aus welchen Quellen haben Sie das, sind das österreichische oder sind das ausländische?

Kreisky: Es sind Österreicher, es sind Deutsche, es sind verschiedene ... relativ alte Aussagen.

(Es folgt eine Auseinandersetzung mit Peter Hoffer über die Frage, ob seit Jahren öffentlich bekannt ist, daß Friedrich Peter bei der SS-Brigade war.)

Erwin Zucker-Schilling (Korrespondent für ostdeutsche Blätter): Herr Bundeskanzler, was Sie über Wiesenthal und seine Methoden gesagt haben ist vollkommen richtig.

Kreisky: Das hat noch niemals ..., das ist eine seltene Anerkennung, die mir hier zuteil wird.

Zucker-Schilling: Über Wiesenthal wurden im Verlauf der letzten zehn Jahre, ja, wurden wiederholt Veröffentlichungen gemacht, die ungefähr in der gleichen Richtung waren, noch mit konkreteren Angaben ... Eine ganze Serie von Dingen, weil er ... (Selbstzensur dto.) gegen die polnische Regierung und die dortigen führenden Politiker gemacht hat, er hat dann also gegen andere usw., nun das hat natürlich begreiflicherweise, sagen wir besser also verschiedenen gepaßt, und es hat ihnen nicht gepaßt, also den Wiesenthal einmal beim Schopf zu nehmen, so wie das jetzt Bundeskanzler Kreisky gemacht hat. Und ich stimme zu, kann ich nur noch einmal sagen ..."

(Das Interview endet mit Wiederholungen, die hier nicht von Bedeutung sind.)

„Südpost-Tagespost" (Graz):

„Die ... (Selbstzensur dto.) -methoden des Herrn Wiesenthal lassen wir uns nicht länger gefallen" (Bundeskanzler Kreisky) - „Die Vorwürfe gegen Simon Wiesenthal, ein ... (Selbstzensur dto.) zu sein, sind eine Infamie" (der deutsche Oberstaatsanwalt Fichting) - „Kreisky ist ein beschnittener Nazi" (die jüdische Verteidigungsliga in den USA) - „Wenn die Juden ein Volk sind, so ist es ein ... (Selbstzensur dto.) Volk" (Bundeskanzler Kreisky laut „Spiegel").

Die Reihe von Zitaten dieser Art aus letzter Zeit läßt sich mühelos fortsetzen. Groteskerweise ist vom Anlaß dieser Schlammschlacht, nämlich der angeblichen oder tatsächlichen SS-Vergangenheit Friedrich Peters, überhaupt nicht mehr die Rede. Der Krieg Kreisky-Wiesenthal ist längst über die ursprüngliche Verteidigungsaktion für einen potentiellen Koalitionspartner in Dimensionen hinausgewachsen, für die wahrscheinlich eher der Tiefenpsychologe zuständig ist als der politische Analytiker. Wäre nur noch der grimmige Ausspruch des jüdischen Judenhassers Karl Kraus nachzutragen, der seinerzeit gemeint hat, aus dem Antisemitismus werde erst etwas werden, wenn sich die ... (Selbstzensur dto.) der Sache annehmen. Er hat Kreisky prophetisch vorausgeahnt.

Da die Sache nun inzwischen derart schon eher in die Intimsphäre der beiden Herren hineinreicht, könnte man es dabei bewenden lassen und mit Kopfschütteln - „Sachen gibt's" - zur Tagesordnung übergehen. Es gibt für Österreich wirklich wichtigere Probleme als die Frage, ob sich Bruno Kreisky mit der israelischen Kultusgemeinde verträgt oder nicht, ob er israelische Journalisten, die ihn zu fragen wagen, was er konkret mit dem Vorwurf „... (Selbstzensur dto.) -methoden" gemeint hat, mit wüsten Beschimpfungen vor die Tür setzt (wie vom „Spiegel" genüßlich und mit exakten Zitaten berichtet). Wir haben eine Wirtschaftskrise zu bewältigen, Arbeitsplätze zu sichern. Das scheint doch etwas mehr Gewicht zu haben. Allerdings, so ganz Privatsache ist das Ganze denn doch nicht.

Am 21.11.1975 richtet das Landgericht für Strafsachen Wien an den Präsidenten des Österreichischen Nationalrates, Benya, das Ersuchen um „Auslieferung" Dr. Kreiskys. Dies unter Bezug auf die (am 21.11.1975 „verbesserte Wiedervorlage") des Strafantrages von Dr. h. c. Wiesenthal.

24.11.1975: Simon Wiesenthal bringt eine weitere (2.) Privatklage gegen Kanzler Kreisky beim Straflandesgericht Wien wegen Vergehens gemäß § 111 StGB ein.

3.12.1975: Schon vor Beginn der Amtsstunden hatte Wiesenthal mittels Protokoll seine Privatklage gegen Bundeskanzler Kreisky zurückgezogen.

Noch am selben Tage stellt das Gericht mit „Beschluß" das Verfahren gegen Bundeskanzler Dr. Kreisky ein!

4.12.1992: Dieser Rückzieher Wiesenthals löst in den Massenmedien weit über Österreich hinausgehend Echo aus.

Die „Neue Zürcher Zeitung":

„Was den Leiter des Jüdischen Dokumentationszentrums dazu bewog, auf eine Klärung der vom Bundeskanzler gegen Ihn erhobenen Vorwürfe zu verzichten, ist schwer zu beurteilen. Am Dienstag war in der „Kronenzeitung" ein Auszug aus einem der BBC gewährten Fernsehinterview erschienen, in dem Wiesenthal Ende September nicht nur mit der Regierung, sondern auch mit den Österreichern selbst, eher sehr unsanft ins Gericht gegangen war. Unter anderem war darin laut „Kronenzeitung" von mehreren „Nazis" in der österreichischen Regierung die Rede und davon, daß Österreich zwar nur 8 1/2 Prozent von Großdeutschland ausgemacht habe, die Österreicher jedoch für 30 bis 50 Prozent aller Verbrechen verantwortlich gewesen seien. Damit wurde zu später Zeit klar, was unter jener „Beschimpfung Österreichs im Ausland" zu verstehen ist, die den Bundeskanzler so sehr aufbrachte. Ohne die von Wiesenthal genannten Zahlen überprüfen zu können, ist beizufügen, daß Kreisky ehemaligen Parteigenossen die Möglichkeit des Gesinnungswandels zubilligt und in der bloßen Mitgliedschaft bei der NSDAP keinen Grund sieht, daß jemand auf alle Zeiten von der politischen Karriere ausgeschlossen bleibe."

„Südost-Tagespost" (Graz) unter der Überschrift „Miese Affären" u. a.:

„Es wird also weiterhin getäuscht und gemogelt, so daß man gar nicht mehr weiß, was nun wirklich in den nächsten Tagen geschehen wird. Man ist geradezu versucht, an das Wort zu denken, das Kreisky vor einiger Zeit in einem Gespräch mit einem Journalisten von sich gab, dem zufolge er etwa meinte, die Juden seien ja doch ein ‚...' (Selbstzensur dto.). Dem ist eigentlich nichts mehr hinzuzufügen. Jedenfalls kann die vom Rundfunk öfters zitierte ‚Volksstimme' neue Aufschlüsse darüber erhalten, was so viele Österreicher wohl zu Antisemiten gemacht hat."

In der „Zeit" (Hamburg) ist zu lesen:

„Warum hat Simon Wiesenthal seine Klage so eilfertig zurückgezogen? An dieser Frage wird jetzt in Wien viel herumgerätselt. Parteifreunde, die dem österreichischen Bundeskanzler nahestehen, meinen, Wiesenthal habe gute Gründe zu fürchten, daß Kreisky einmal ‚auspackt'. Was freilich die Frage nahelegt, ob der Kanzler dazu nicht in jedem Falle verpflichtet ist, wenn ihm Tatbestände von strafrechtlicher Relevanz bekannt wären ..."

6 b E Vr 8432/75 Hv 533/75

Protokoll aufgenommen beim LG. für Strafsachen Wien am
3. 12. 1975
Gegenwärtig: KOO. Alfred Tkacsik
          Dr. hc. Simon Wiesenthal

Es erscheint Hr. Simon Wiesenthal und gibt bekannt, daß
er hiermit seine gegen Bundeskanzler Dr. Kreisky eingebrachten
Strafanträge vom 21. und 24. 11. 1975 zurückzieht. (Die Anklage
vom 21. ist die Ergänzung zu ON 1 der Privatanklage des STBG. Wien
12 U 7731/75)

v.g.g.

Wiesenthal gegen Tudjman

Im vergangenen Herbst protestierte Wiesenthal gegen die Umbenennung des Zagreber „Platzes der Opfer des Faschismus" in „Platz der kroatischen Könige" und verlangte die Wiederanbringung des alten Namens. Wiesenthal in seinem Protesttelegramm an Tudjman: „Das ist eine Beleidigung aller Opfer dieser unmenschlichen Zeit. Gerade Zagreb war Zeuge der Morde an Juden." Ein Berater des Präsidenten antwortete brieflich, das kroatische Volk habe nicht nur „unter dem Faschismus, sondern auch unter dem Kommunismus gelitten". Wiesenthals Äußerungen gegenüber jugoslawischen Zeitungen in dieser Sache würden vom Präsidenten Tudjman allerdings „sehr negativ" bewertet, schrieb sein Berater. „Sie beeinträchtigen die Beziehung zwischen dem kroatischen Volk und der jüdischen Gemeinde."

Dabei kämpfte der heute 69jährige von Anfang an als Partisan gegen die Deutschen. Später steigt er zum General in Titos Armee auf und war zeitweise sogar deren oberster Personalchef. Da er beim kroatischen „Nationalfrühling" des Jahres 1971 mitmachte, wurde er von Tito für zwei Jahre nach Titos Tod noch einmal für drei Jahre, ins Gefängnis geschickt.

Der mittlerweile zum Militärhistoriker gewandelte Militarist schrieb mehrere Bücher. Eines heißt „Unwegsame Gefilde der historischen Realität" und erschien 1990 in Zagreb. Darin fand Wiesenthal durch den Hinweis eines serbischen Historikers auf Seite 156 folgendes Zitat über die Gesamtzahl der jüdischen Opfer im Zweiten Weltkrieg: „Die Schätzung der Verluste auf bis zu sechs Millionen Tote beruht auf emotional-parteiischen Zeugnissen wie auch auf einseitigen und übertriebenen Zahlen, die aus der Nachkriegsabrechnung mit den Kriegsverbrechern stammen." Tudjman behauptet, der jüdische Historiker der „Endlösung", Raul Hilberg hätte in seinem statistischen Überblick angegeben, „daß von 5.100.000 Opfern 900.000 als tot nachgewiesen sind!"

Wiesenthal: „Hätte ich dieses Zitat schon früher gekannt, dann hätte ich verhindert, daß Tudjman von Bundeskanzler Kohl empfangen wird!"

Also entweder hat Wiesenthal wirklich nicht alle ... oder er hat ein geheimnisvolles rotes Telefon.

Das jüdische Volk verhetzt

In Kärnten wurde ein Mann zu 70.000.- öS Geldstrafe verurteilt, weil er Ungebührliches über Simon Wiesenthal und die Juden gesagt hatte. Nichts Neues und nichts Einmaliges.

Natürlich berichtete die Stimme Israels, der Kurier, darüber und den Wortlaut dieser Meldung möchte ich Ihnen nicht vorenthalten. Eine journalistische und sprachliche Glanzleistung!

Zitat: „Wegen Verhetzung des jüdischen Volkes und seines Repräsentanten Simon Wiesenthal ..." Zitat Ende. Also: Jetzt haben wir es schwarz auf weiß, wer der Repräsentant des jüdischen Volkes in Österreich ist - oder es zumindest gerne wäre. Und jetzt wissen Sie auch, wofür Sie 70.000.- öS bezahlen müssen. Wenn Sie ihn und sein Volk verhetzen.

Das jüdische Volk verliert

Der Majdanek-Prozeß

Simon Wiesenthal, genannt der „Nazijäger", spürt Nationalsozialisten oder die er dafür hält in aller Welt auf und bringt sie vor Gericht. Diese Prozesse konnten wir in den letzten Jahren regelmäßig verfolgen und es sieht noch lange nicht danach aus, als ob der „Nazijäger" in Rente gehen will.

Um es klarzustellen, sei vorweg folgendes bemerkt:

Ich beabsichtige nicht, irgendwelche geschichtlich feststehenden Tatsachen zu bestreiten oder zu verharmlosen. Für mich ist aber ein Gerichtsurteil, durch das einem Menschen vorgeworfen wird, er habe einen anderen Menschen getötet, derart schwerwiegend, daß es meines Erachtens nur ergehen darf, wenn es ohne Fehler und Irrtümer zustande kam. Genauso, wie ich es ablehne, daß ein Mensch einen anderen umbringt, so lehne ich es ab, wenn ein Mensch fälschlicherweise wegen einer von ihm nicht begangenen Tötung verurteilt wird. Es ist daher notwendig, in einzelnen Gerichtsverfahren erfolgte Fehler und Irrtümer festzuhalten.

Eine seiner Aktivitäten war die Beschaffung einer Angeklagten im Majdanek-Prozeß.

1981 ging der längste Prozeß um sogenannte „nationalsozialistische Gewaltverbrechen" der die deutschen Steuerzahler Millionen Mark kostete, zu Ende - der Majdanek-Prozeß.

Er erbrachte ein Ergebnis, das zu erwarten war. Nach mehr als 35 Jahren hatten die als Zeugen vernommenen Häftlinge ihre Aussagen immer wieder eingeschränkt: ..."Das habe ich nur von anderen gehört", „Ich erinnere mich nicht mehr genau ... das kann ich nicht beeiden."

Von 250.000 Morden war die Rede. Die Verteidiger hatten in überzeugender Beweisführung die Ankläger und die Zeugen widerlegt und für ihre Mandanten Freisprüche gefordert.

Der Richter war völlig überfordert angesichts der „veröffentlichten Meinung" und der Demonstranten, als er die „milden" Urteile verkündete. Der Druck, unter dem er stand, wurde in der Tagespresse geschildert:

„Hören Sie erst mal die Begründung an" mahnt der Vorsitzende die Erregten. Auch seine Stimme bebt, aber es ist offensichtlich nicht Ärger über die Zwischenrufe. Schon als er die neun Urteile verlas, schwankte seine Stimme, zitterte seine Hand, als habe sie sich losgelöst von seinem Willen, flatterte das Blatt mit den Urteilen, als würde es von einem Windzug in ständiger Bewegung gehalten. ... Der gelegentlich von Verteidigern erhobene Vorwurf, die Zeugen hätten sich abgesprochen und Komplotte gegen die Angeklagten geschmiedet, weist Vorsitzender Bogen pauschal zurück.

Wiesenthal schildert wohl im 18. Kapitel seines Buches, wie er seine Opfer aufgestöbert hat, vergaß allerdings folgendes zu berichten:

So meldete die „Rheinische Post" am 6. Juli 1977:

„Düsseldorf - Im Düsseldorfer Majdanek-Prozeß, bei dem es um Massenmord im ehemaligen Konzentrationslager Majdanek-Lublin (Polen) geht, wurde gestern das Rätsel einer ungewöhnlichen Brifaktion teilweise gelöst. Bei polnischen Zeugen waren im Oktober 1975, noch vor Prozeßbeginn, Schreiben eingegangen mit der Anfrage, ob die Zeugen noch Wiedergutmachungsforderungen stellen wollten. Ein Anwalt war als eventueller Interessenvertreter benannt worden. Den Briefen war auch eine Liste der Angeklagten mit den für die Identifizierung wichtigen Spitznahmen beigefügt. Als Verfasser der Briefe wurde jetzt ein ständiger Beobachter von NSG-Prozessen ermittelt. Der in den Briefen genannte Anwalt Johannes Geiger, der im Prozeß als Nebenklage-Vertreter fungierte, schwieg unter Berufung auf seine Schweigepflicht. Geklärt werden muß jetzt, wie die Informationen aus den Akten in unbefugte Hände gelangen konnten."

Der Prozeß wurde am 25.11.1975 eröffnet. Am 24.10.1975, vor Prozeßbeginn und Verlesung der Anklage also

- kennt ein Mann namens Schaja Weisbeker die Namen und genauen Daten der Angeklagten,

- werden für einen Rechtsanwalt Geiger „Klienten" geworben,

- werden eine unbekannte Anzahl von Polen aufgefordert, „Nebenklage" zu stellen, auch wenn sie gar nichts wissen oder beweisen können,

- werden die Polen aufgefordert, sich Bescheinigungen zu verschaffen, daß nicht sie, sondern der deutsche Steuerzahler den Spaß bezahlen muß.

Was ist noch alles „geliefert" worden?

Hier der Wortlaut des Schreibens mit dem Absender Schaja Weisbeker, Antoniusstr. 11, 4000 Düsseldorf, datiert 24. Okt. 1975:

Sehr geehrter Herr ...

Vor dem Landgericht Düsseldorf beginnt vorraussichtlich gegen Ende November 1975 ein Prozeß wegen der Tötung, die von den aus der Anlage ersichtlichen Personen in den Jahren 1941 bis 1944 im Vernichtungslager Majdanek begangen worden sein sollen.

Wie mir bekannt ist, sind Sie bereits früher im Zusammenhang mit diesen Vorgängen vernommen worden, und es ist wahrscheinlich, daß Sie demnächst vor Gericht als Zeuge geladen werden.

Ich selber war als Verfolgter unter anderem im Vernichtungslager Auschwitz und habe an verschiedenen Prozessen wegen nationalsozialistischer Verbrechen in Düsseldorf als Beobachter teilgenommen. Ich beabsichtige, auch dem neuen Verfahren beizuwohnen.

Falls einer Ihrer Angehörigen, nämlich Eltern, Kinder, Geschwister oder Ehegatten, durch einen oder mehrere der aus der Anlage ersichtlichen Angeklagten in Majdanek umgebracht worden ist, haben Sie die Möglichkeit, sich dem Verfahren als Nebenkläger anzuschließen.

In diesem Fall erscheint es dringend erforderlich, daß Sie genaue Angaben über Personen, Daten und Vorgänge entweder selbst machen oder durch andere Zeugen machen lassen. Außerdem müssen Sie möglichst durch Urkunden den Tod und das Verwandtschaftsverhältnis zu den Getöteten nachweisen.

Zweckmäßig ist es auch, wenn Sie Ihre Angaben eidesstattlich versichern.

Ihre Rechte als Nebenkläger oder Nebenklägerin müßten durch einen Rechtsanwalt vertreten werden, der an den Verhandlungen teilnimmt.

Erfahrungsgemäß haben die Zeugen aufgrund ihrer wirtschaftlichen Lage nicht die Möglichkeit, die hierfür nötigen Kosten selbst zu tragen. Ich rate Ihnen deshalb, daß Sie sich von Ihrer Gemeinde ein Zeugnis geben lassen, in welchem Ihre Vermögens- und Einkommensverhältnisse geschildert und so beurteilt werden, daß Ihnen Kostenbefreiung gewährt wird.

Natürlich haben nicht nur Sie das Recht, sich dem Verfahren als Nebenkläger anzuschließen, sondern alle Personen, die Angehörige in Majdanek verloren haben, auch wenn sie noch nicht in dieser Sache als Zeugen vernommen worden sind. Im Interesse der Sache ist es deshalb wichtig, daß Sie Bekannte oder Verwandte, auf die die Vorraussetzungen zutreffen, hiervon unterrichten.

Mir selbst sind folgende Personen namentlich bekannt, die in Majdanek getötet wurden:

Der Russe Anatolij Grogul, der Angehörige des Revierpersonals Stummberger, der Arzt Otto Reisch aus der Slowakei, Estera Dyszkin, eine Polin namens Wladka und der sowjetische Gardegeneralmajor Novikov.

Insgesamt wurden jedoch in Majdanek schätzungsweise bis zu 1 Million jüdische, polnische und russische Menschen getötet, allein am 1.11.1943 wurden ca. 17.000 Juden umgebracht.

Falls Ihnen die Angehörigen dieser Personen bekannt sind, erscheint es wichtig, daß Sie diese von dem Verfahren in Kenntnis setzen.

Ich bin der Überzeugung, daß Sie von Ihrem Recht Gebrauch machen sollten, um die Verantwortlichen zur Rechenschaft zu ziehen und der Gerechtigkeit zu dienen.

Natürlich wird die erhobene Anklage von der Staatsanwaltschaft vertreten. Aber es hat sich schon in der Vergangenheit - und so sicherlich auch in der Zukunft - als zweckmäßig erwiesen, daß die Staatsanwaltschaft von dem Rechtsanwalt der Nebenkläger, der die Interessen der Verfolgten vertritt, unterstützt wird. Bedenken Sie nur, daß in der Verhandlung vielleicht nur 2 Staatsanwälte, aber 34 Verteidiger, für jeden Angeklagten 2, auftreten.

Sie können sich selbstverständlich mit Ihrer Antwort und auch mit weiteren Anfragen an mich wenden.

Da die Zeit aber drängt, ist es vielleicht auch zweckmäßig, wenn Sie sich gleich an einen Rechtsanwalt wenden, der Ihre Interessen vertritt und dem Sie die Unterlagen zur Weiterreichung an das Gericht übersenden.

Ich selbst kann Ihnen Rechtsanwalt J. Geiger aus Düsseldorf, Königsallee 86 empfehlen, da er schon früher in einigen Fällen unsere Verfolgten mit großem persönlichen Einsatz und sehr gutem Erfolg vertreten hat. Er ist durchaus zuverlässig, und ich kann ihn deshalb mit gutem Gewissen empfehlen.

Mit freundlichen Grüßen

(handschriftliche Unterschrift: S. Weisbeker)

(Schaja Weisbeker)

P. S. Wenn nicht angegeben werden kann, durch wen oder bei welcher Aktion der Angehörige getötet worden ist und auch sonstige Nachweise fehlen, so schadet dies evtl. nichts. Wenn nur feststeht, daß die betreffende Person in Majdanek umgebracht worden ist, so sollte man sich auf jeden Fall dem Verfahren als Nebenkläger anschließen und Rechtsanwalt Geiger eine Vollmacht zur Vertretung schicken.

Aufstellung über die Angeklagten:

1) SS-Hauptsturmführer Hermann Hackmann, geb. am 11.11.1913 in Osnabrück

2) SS-Unterscharführer Günter Konietzny, geb. am 30.3.1918 in Kattowitz

3) SS-Aufseherin Hildegard Martha Luise Lächert, geb. am 19.3.1920 in Berlin, Spitzname: „Blutige Brygyda"

4) SS-Aufseherin Alice Elisabeth Minna Orlowski, geb. Elling, geb. am 30.9.1903 in Berlin

5) SS-Unterscharführer August Wilhelm Reinartz, geb. am 17.3.1910 in Langenfeld, Spitzname: „Zebaty"

6) SS-Aufseherin Hermine Ryan, geb. Braunsteiner, geb. am 16.7.1919 in Wien, Spitzname „Kabyla"

7) SS-Aufseherin Rosa Süß, geb. Reischl, geb. am 16.9.1920 in Gänsewies

8) SS-Unterscharführer Thomas Ellwanger, geb. am 3.3.1917 in München

9) SS-Aufseherin Charlotte Karin Mayer, geb. Wöllert, geb. am 7.2.1918 in Friedland Krs. Stargard

10) SS-Hauptsturmführer Heinrich Ernst Schmidt, geb. am 27.3.1912 in Altenburg

11) SS-Unterscharführer Heinrich Wilhelm Gustav Groffmann geb. am 19.5.1920 in Behring, Krs. Soltau

12) SS-Oberscharführer Fritz Heinrich Petrick, geb. am 22.1.1913 in Dresden

13) SS-Unterscharführer Heinz Hermann Karl Villain, geb. am 1.2.1921 in Rheinsberg/Mark, Spitzname: „Der kleine Thumann"

14) SS-Aufseherin Hermine Böttcher, geb. Brückner, geb. am 26.4.1918 in Wustung/Sudetenland, Spitzname: „Perelka"

15) SS-Rottenführer Emil Josef Laurich, geb. am 21.5.1921 in Hohenstein/Sudetenland, Spitzname „aniel amicrei" (Einfügung Verlag: unleserlich! Vielleicht auch „aniol amicel" o. ähnl.)

16) SS-Unterscharführer Robert Seitz, geb. am 14.1.1911 in Liedolsheim Krs. Karlsruhe

17) SS-Obersturmführer Arnold Georg Strippel, geb. am 2.6.1911 in Unshausen/Hessen."

Simon Wiesenthal hat dazu beigetragen, daß diese Gerichtsverhandlung stattfinden konnte. Inwieweit er sich an der Informationsübermittlung beteiligt hat, ist unbekannt.

Aber ist es Recht, wenn z. B. der Angeklagte W. Hackmann schon 12 Jahre und Frau Lächert in Polen schon 10 Jahre abgesessen hatten und Frau Orlowski während des Prozesses starb? A. W. Reinartz wurde in Polen nach zwei Jahren Untersuchungshaft in Sachen Majdanek freigesprochen. Frau Süß saß in Polen siebeneinhalb Jahre im Gefängnis, F. H. Petrick verbrachte elf Jahre in russischer Gefangenschaft und Frau Böttcher überlebte zehn Jahre tschechische Gefängnisse. - In Polen, in der Sowjetunion und in der Tschechoslowakei ließ man sie frei - in Deutschland wurden sie „kassiert"!

A. G. Strippel hat in dem freiheitlich-demokratischen Rechtsstaat schon 21 Jahre seines Lebens im Gefängnis verbracht, um dann in einem Wiederaufnahmeverfahren zu nur 6 Jahren verurteilt zu werden.

Frau Ryan wurde auf Drängen Wiesenthals aus den USA 1973 ausgeliefert. Nachdem Wiesenthal Frau Ryan in den USA aufgespürt hatte, verübten Unbekannte einen Sprengstoffanschlag (vermutlich auf Frau Ryan), allerdings auf die falsche Hausnummer, so daß völlig Unbeteiligte in Mitleidenschaft gezogen wurden. Recht?

Wie lange müssen wir das alles noch mitmachen. Wie lange müssen wir erdulden, daß unsere Gerichte sich mit so etwas beschäftigen sollen?

Wie glaubwürdig sind Zeugen in NSG-Prozessen?
Schilderungen eines Rechtsanwaltes

„Zur Frage der tatsächlichen oder angeblichen Massenmorde an Juden hat sich folgendes ergeben:

Die Gerichte haben Kriegsverbrecherprozesse durchgeführt, z. B. den Auschwitz-Prozeß. Die Historiker haben die Urteile dieser Prozese zur Grundlage genommen, um damit Geschichtsschreibung zu machen. Wenn jetzt jemand etwas anderes behauptet, wird ein Historiker, vornehmlich vom »Institut für Zeitgeschichte« herangeholt, der sodann sagt, es sei gesicherte zeitgeschichtliche Erkenntnis, daß es dies und jenes gegeben habe und so und so viele Menschen umgebracht worden seien.

Jedes Urteil ist aber nur so gut, wie die Zeugenaussagen wahr sind, auf die es gestützt wird. Gerade in NSG-Prozessen zeigt sich aber, daß hinsichtlich der Wahrheitsgemäßheit der Zeugenaussagen erhebliche Bedenken am Platze sind, und teilweise nachweislich Meineide geleistet wurden. Dies soll anhand einiger Beispiele erläutert werden:

1. Der Kollege Rechtsanwalt Bock, der häufig in NSG-Prozessen verteidigt, fuhr mit einer Kommission nach Polen. Während das Gericht Auschwitz besichtigte, besuchte Bock Zeugen, was er als Verteidiger zulässigerweise tun darf, und befragte sie nach ihren Erlebnissen. Er sagte nicht, daß er als Verteidiger gekommen sei, sondern sagte nur, er sei mit dem Gericht gefahren, was zulässig ist. Die Zeugen hielten ihn wohl für einen Staatsanwalt. Jedenfalls machten sie ihre Aussagen, die Rechtsanwalt Bock protokollierte und von den Zeugen unterschreiben ließ. Sodann fuhr er wieder zurück.

Einige Monate später wurden die Zeugen in Deutschland beim Gerichtstermin gehört. Während ihre in Polen gemachten Aussagen nicht zueinander paßten und auch für die Angeklagten nicht belastend waren, waren die Aussagen im Prozeß ‚stimmig' und widersprachen sich auch nicht gegenseitig. Es ist dabei zu berücksichtigen, daß jeder Zeuge, der aus Polen kommt, von einem polnischen Richter begleitet wird, der im Zuhörerraum sitzt und deshalb genau überprüfen kann, welche Aussage der Zeuge macht. Rechtsanwalt Bock hielt diesen Zeugen, die nun gänzlich abweichende Angaben machten, ihre wenige Zeit vorher gemachten und unterschriebenen Zeugenaussagen vor. Es entstand ein großer Skandal, wo man nicht etwa den Zeugen Vorwürfe machte, sondern Rechtsanwalt Bock, daß er sich den Zeugen gegenüber nicht als Rechtsanwalt offenbart hatte. Den Zeugen wurde kein Prozeß gemacht, die Folge war, daß Rechtsanwalt Bock für Polen und Israel Einreiseverbot erhielt.

2. Ich selbst habe in einem Wiederaufnahmeverfahren folgendes festgestellt:

Es traten zahlreiche jüdische Belastungszeugen auf. Ein Teil dieser Belastungszeugen behauptete, daß der Angeklagte in schwarzer SS-Uniform herumgelaufen sei; sie erinnerten sich genau. Tatsächlich hatte der Angeklagte diese Uniform nie im Osten getragen. Des Rätsels Lösung:

Es existierte ein Bild von ihm aus der Kriegszeit, in dem er in schwarzer Uniform war. Diese Uniform hatte er drei Wochen getragen, als er auf einer Polizeischule war. Die Bildmappe mit auch diesem Bild war nach Israel gegangen und von den israelischen Ermittlungsbeamten den dortigen Zeugen zugänglich gemacht worden. In diesem Fall wirkte sich dies zugunsten des Angeklagten aus, da die Zeugen dadurch falsche Behauptungen machten.

Der Angeklagte sollte auf einem Gut gewesen sein. Manche Zeugen meinten, daraus schließen zu müssen, daß dort wohl auch Tiere gewesen seien. Sie behaupteten deshalb beispielsweise, sie hätten beim Schafehüten im Februar 1943 den Angeklagten gesehen, wie er Juden erschossen hätte. Der Angeklagte konnte nachweisen, daß zu diesem Zeitpunkt 1 1/2 Meter Schnee lag, so daß niemand Schafe hüten konnte. Eine andere Zeugin sagte aus, daß sie beim Kühemelken aus dem Scheunentor heraus den Angeklagten habe Verbrechen begehen sehen. Auch sie schloß anscheinend aus dem Wort „Gut", daß dort Tiere gewesen sein mögen.

Tatsächlich waren auf diesem Gut aber keinerlei Tiere gewesen, da die Russen bei ihrem Abzug sämtliche Tiere geschlachtet und mitgenommen hatten.

Andere Zeugen wiederum wollten den Angeklagten beim Erschießen von Juden gesehen haben, zu Zeiten, wo er nachweislich auf Urlaub in Deutschland gewesen war.

Es versteht sich, daß diese Zeugen alle vereidigt wurden. Von 55 jüdischen Zeugen wurde 51 Belastungszeugen aus den vorgenannten Gründen nicht geglaubt. Zwei Juden hatten gesagt, der Angeklagte habe sich anständig verhalten und nie einem Juden ein Haar gekrümmt. Im Urteil hieß es dazu nur, daß man nicht wisse, warum diese beiden Juden die Unwahrheit gesagt hätten. Es blieben zwei Belastungszeugen übrig. Der eine von diesen mußte zugeben, daß seine früher gemachte Behauptung, der Angeklagte habe zu seiner Mutter gesagt: ‚Du gehst auch durch den Schornstein',

unwahr gewesen sei; er habe diese Aussage nur erfunden, weil ihm das Verfahren zu langsam voranginge. Er erinnere sich aber an den Angeklagten wegen dessen kalten blauen Augen ganz genau. Trotz der nachgewiesenen Unwahrheit bei seiner früheren Zeugenaussage wurde dem Zeugen geglaubt. Dazu kam ein weiterer Belastungszeuge, der plötzlich ein Tagebuch vorwies, in dem - mit anderer Schrift und mit anderen Schreibwerkzeugen - der Name des Angeklagten auftauchte. Der Zeuge hatte am Prozeß zwischenzeitlich teilgenommen. Er behauptete aber, bereits 1948 diese Einfügungen gemacht zu haben, es sei ihm später noch der Name des Angeklagten eingefallen.

Wegen dieser beiden Aussagen wurde der Angeklagte verurteilt.

3. In einem weiteren NSG-Verfahren, in dem ich selbst verteidigte, trat ein jüdischer Zeuge auf, der angab, in zahlreichen deutschen KZ's gewesen zu sein. Mit Rücksicht darauf hatte er schon in einer ganzen Reihe von Verfahren Aussagen gemacht. Diese Aussagen lagen vor, so daß sie verglichen werden konnten. Daraus ergaben sich erhebliche Widersprüche. Eine Ermordung von Juden wollte der Zeuge selbst gesehen haben. In der einen Vernehmung behauptete er, die Juden seien mit Knüppeln erschlagen worden, in der anderen behauptete er, die Juden hätten sich auf den Boden legen müssen und seien erschossen worden. Er gab an, aus dem Lager Treblinka geflohen zu sein. In der einen Vernehmung sollte das gewesen sein, als polnische Widerstandskämpfer das Lager angegriffen hatten. In der anderen Vernehmung gab er an, daß er, um Tannennadeln zu sammeln, mit einem ukrainischen Posten per Fuhrwerk in den Wald gefahren sei. Er habe sodann dem Ukrainer eine Flasche Schnaps gegeben. Als dieser betrunken gewesen sei und vor sich hin gesungen habe, habe er den Riemen des Karabiners mit einem Küchenmesser (woher hatte er das?) durchgeschnitten, was der Posten nicht bemerkt habe. Sodann habe er den Posten mit einem Tritt vom Wagen befördert. Er sei sodann davon gefahren. Er wollte nach Warschau. Er habe sodann den Bug überquert, wobei er sich an den Schweif des Pferdes angehängt habe, da er nicht schwimmen konnte. Es sei hinter ihm hergeschossen worden. Auf der anderen Seite habe er dann die Eisenbahn genommen und sei nach Warschau gefahren.

Auf die Frage, woher er denn das Geld für die Fahrkarte hatte, gab er an, das habe im Lager massenhaft herumgelegen.

Zu dieser Story ist zu sagen, daß den Juden verboten war, in der Eisenbahn zu fahren. Ferner wurden ihnen Wertgegenstände, wenn sie ins Lager eingeliefert wurden, abgenommen; daß dort ‚massenhaft' Geld herumgelegen habe, ist einfach abwegig. Pferdezüchter haben mir bestätigt, daß ein Pferd ausschlägt, wenn man sich an seinen Schwanz hängt. Da beim Hinterherschießen durch den Fluß er durch einen Streifschuß verwundet worden sein soll, ist zu fragen, warum dann das vor ihm schwimmende Pferd durch diesen Schuß nicht getroffen wurde und unterging. Wieso wurde überhaupt hinter ihm hergeschossen, da er doch den Karabiner des ukrainischen Postens mitgenommen hatte? Wielange braucht man, um den Schulterriemen eines Gewehrs mit einem Küchenmesser durchzuschneiden? Merkt dies jemand, der diesen Schulterriemen am Rücken hat oder nicht?

Hinzu kam noch, daß der Zeuge den Aufbau des Lagers völlig anders schilderte, als andere Zeugen (unter anderem der deutsche Ingenieur, der das Lager gebaut hat). Der Zeuge gibt auch an, beim Lager Treblinka habe es einen Schießstand für lebende Häftlinge gegeben, wobei die Juden durch einen Laufgraben hätten laufen müssen und sodann von der SS als Schießscheibe benutzt worden seien. Alle anderen Zeugen, die dazu befragt worden sind, wußten von der Existenz eines solchen Schießstandes nichts. Der Zeuge selbst, danach befragt, wo genau dieser Schießstand gelegen hätte, gab in seiner mündlichen Vernehmung vor Gericht eine gänzlich andere Lage an, als er dies bei der vorherigen Vernehmung in einem anderen Verfahren getan hatte.

Auch dieser Zeuge leistete selbstverständlich seinen Eid.

4. Von einem Hannoveraner Kollegen erfuhr ich folgenden Umstand aus dem Prozeß gegen einen SS-Angehörigen:

Ein israelischer Zeuge beschuldigte den Angeklagten wie folgt:

‚Der Angeklagte hat die Lubliner Zwillinge umgebracht, den einen hat er erhängt, den anderen hat er ertränkt. Ich weiß dies genau, weil derselbe Angeklagte mit einem Knüppel meinen Arm zerschlagen hat.'

Der Zeuge wurde ordnungsgemäß vereidigt und entlassen.

Mittags erzählte der Kollege diesen Vorfall seiner Frau. Diese erinnerte sich, in einem anderen Verfahren schon mal eine ähnliche

Aussage gelesen zu haben, wobei ihr dies als eindringliches Erlebnis noch im Gedächtnis geblieben war. Sie fand tatsächlich auch diese Stelle in dem anderen Verfahren. Am nächsten Verhandlungstag stellte der Kollege den Antrag, den Zeugen nochmals zu vernehmen. Das Gericht wollte dies erst nicht mit der Begründung, er sei ja eingehend befragt worden. Sodann legte der Kollege die Vernehmung aus den anderen Akten vor. Der Zeuge wurde nochmals geholt, und das Gericht legte ihm folgende Aussage vor:

‚Der Angeklagte hat die Lubliner Zwillinge umgebracht, den einen hat er erhängt, den anderen hat er ertränkt. Ich weiß dies genau, weil derselbe Angeklagte mit einem Stock auch meinen Arm zerschlagen hat. Der Täter war der Kapo Wiederkow.'

Vom Gericht befragt, wieso diese Abweichungen kämen, sagte der Zeuge, es sei Wiederkow gewesen, aber Wiederkow sei tot, und seine (des Zeugen) Rente sei noch nicht durch.

Der Kollege beantragte daraufhin, den Zeugen im Gerichtssaal zu verhaften, da er einen Meineid geleistet habe und Fluchtverdacht bestehe; Israel liefert bekanntlich Straftäter in die Bundesrepublik nicht aus. Dies wurde von der Staatsanwaltschaft mit der Begründung abgelehnt, man dürfe doch Verfolgte nicht verfolgen. Der Zeuge wurde entlassen und reiste, nachdem er seine Zeugenentschädigung erhalten hatte, unbeanstandet nach Israel zurück. Ein Verfahren wegen Meineid wurde gegen ihn nicht einmal eingeleitet.

Wenn man berücksichtigt, daß die Aussage dieses Zeugen alleine genügt hätte, um dem Angeklagten eine lebenslange Freiheitsstrafe einzubringen, und dies dem Zeugen bewußt war, er aber - nur um seine eigenen Wiedergutmachungsansprüche zu stützen - ganz bewußt einen Meineid leistete, so sieht man, von welcher Qualität Zeugenaussagen in NS-Prozessen sind. Es sei an das Hoppe-Verfahren erinnert, in dem unter Eid ausgesagt worden war, der Angeklagte habe an einem ganz bestimmten Tag einen ganz bestimmten Juden erschossen. Nachdem der Angeklagte 16 Jahre seiner lebenslangen

Freiheitsstrafe abgesessen hatte, stellte sich heraus, daß der angeblich Ermordete noch bei bester Gesundheit war. Daraufhin wurde Hoppe entlassen. Gegen die Zeugen wurde kein Meineidverfahren durchgeführt, so wie überhaupt wegen keiner einzigen Falschaussage in NSG-Prozessen bislang ein Meineidsverfahren gegen einen Zeugen durchgeführt wurde.

Da dies selbstverständlich in Zeugenkreisen bekannt ist, ist nicht damit zu rechnen, daß die Zeugenaussagen bei den noch anstehenden Verfahren, die ja voraussichtlich bis zum Jahre 2.000 weitergeführt werden sollen, qualitativ besser werden. Der genannte Zeuge, der die abenteuerliche Story über seine Flucht erzählte, behauptete auch, daß im Arbeitslager Treblinka täglich 200 Juden innerhalb eines Zeitraums von 3 Monaten erschossen worden seien. Hinsichtlich dieses Lagers weiß man aber genau, daß in dieser gesamten Zeit überhaupt nur ein einziger Transport mit knapp 200 Juden gelebt haben. Ob die Historiker diese schon früher gemachte Zeugenaussage bei ihren Zahlenangaben zugrunde gelegt haben?

Vorstehende Aussagen dürften verschiedene Gründe haben. Zum einen steckt in manchen Juden - was Begin auch ausgesprochen hat - aufgrund der Verfolgung der Juden 1933 bis 1945 ein tiefer Haß gegen die Deutschen, zumal diejenigen, die damals in Polizei, Gendarmerie, SS oder Partei gewesen sind. Der eine oder andere mag sich sagen, wie dies ja auch beim Nürnberger Tribunal erfolgt ist, daß diese Organisationen insgesamt gesehen verbrecherisch gewesen seien, mit Rücksicht darauf jeder, der damals Verantwortung getragen habe, irgendwie verbrecherisch tätig gewesen sein müsse, so daß die Falschaussagen einem guten Zweck dienten.

Dies erklärt aber noch nicht, warum Aussagen gemacht werden, die zu lebenslangen Freiheitsstrafen, zudem noch meist bei alten Leuten führen müssen, und zwar auch unter Inkaufnahme eines Meineides.

Den Worten von Professor Helmut Diwald in der ersten Auflage seiner „Geschichte der Deutschen" (Seite 164) ist nichts hinzuzufügen:

‚Man beutete eins der grauenhaftesten Geschehnisse der Moderne durch bewußte Irreführungen, Täuschungen, Übertreibungen für den Zweck der totalen Disqualifikation eines Volkes aus.'

Geld läßt sich nachdrucken, wenn auch durch Inflation letztlich der kleine Mann, der als Sparer keine Sachwerte besitzt, die Zeche bezahlt und sein kleines Erspartes verliert. Nicht wiedergutzumachen sind aber die Tragödien, die sich in den Haftanstalten abspielen, und die Belastungen, die die Angeklagten von der ersten Vernehmung bis zum letzten Prozeßtag durchmachen müssen. Mit Rücksicht darauf wäre es sinnvoll gewesen, endlich einen Schlußstrich zu ziehen und die Verjährung bestehen zu lassen. Ursprünglich gab es eine Mehrheit hierfür ja auch im Bundestag. Simon Wiesenthal kann es sich zur Ehre anrechnen, durch eine ‚konzertierte Aktion' der ‚Weltöffentlichkeit', verbunden mit 100.000 Postkarten von Juden in aller Welt an den Bundestag, einen Wanndel herbeigeführt zu haben. Es wird weiter Prozesse geben, es werden weiter Meineide geschworen werden, und es werden weiter Unschuldige verfolgt werden. Deutschland - 1982."

Unschuldig zu „lebenslänglich" verurteilt

„Das Schwurgericht Stade verurteilte im Februar 1960 den früheren Gebietskommissar von Sdolbunow bei Rowna, Georg Marschall, zu lebenslangem Zuchthaus, weil er die Verhaftung und Erhängung des Juden J. Diener befohlen habe. Kronzeuge in diesem Verfahren war ein Hermann Graebe, der sich nach 1945 als Widerstandskämpfer ausgegeben hatte, 1948 nach den USA auswandern und die amerikanische Staatsbürgerschaft erwerben konnte und später in Israel mit hohen Ehrungen bedacht wurde"(„Der Spiegel", 29.12.1965).

Nachdem Marschall 5 Jahre seiner Zuchthausstrafe schon verbüßt hatte, stellten mehrere deutsche Gerichte fest, daß Kronzeuge Graebe in mehreren Fällen falsche Aussagen gemacht hatte. Die wegen Mordes verhängte Strafe wurde im Wiederaufnahmeverfahren in eine - bereits verbüßte - Strafe von 5 Jahren wegen Beihilfe zum Mord umgewandelt.

Zeuge Hermann Friedrich Graebe hatte es ohnehin schon zu einer historischen Gestalt gebracht: Bereits die alliierten Ankläger im Nürnberger IMT-Prozeß 1945 - 1946 stützten sich auf diesen „deutschen" Zeugen im US-amerikanischen Dienst. US-Ankläger Major Murray: „Ich möchte ein weiteres kurzes Dokument vorlegen ... Es ist das Affidavit von Hermann Friedrich Graebe". Oberst Storey: „Das letzte Dokument, das wir ... vorlegen möchten ... ist eine von Hermann Graebe abgegebene eidesstattliche Erklärung". Der britische Hauptankläger Generalstaatsanwalt Sir Hartley Shawcross: „Lassen wir nochmals Graebe ... sprechen." Graebes Zeugenaussagen sind Bestandteil der Prozeß- und Hitlerliteratur geworden. Was er über die Räumung des ukrainischen Ghettos Rowno berichtete, ist in dem 1964 erschienenen Buch von Reinhard Henkys „Die nationalsozialistischen Gewaltverbrechen" nachzulesen. Was er im Nürnberger „SS-Einsatzgruppenprozeß" 1947 - 1948 ausgesagt hat, hat der stellvertretende US-Hauptankläger Robert M. Kempner in seinem Buch „SS im Kreuzverhör" als „Tatsachen" weitergetragen. Graebe war zu einem maßgeblichen Zeugen für

Judenerschießungen avanciert. Sobald es um solche geht, taucht immer wieder sein Name auf (siehe IMT Bd. I 264 f, 282; IV 281 f; XIX 568 f, 594; XX 226, 703; XXII 33, 544 f, 562; XXXI 441-450). Shawcross im Schlußplädoyer vor dem IMT (XIX S, 594): „Wenn die Zeit kommt, da Sie Ihre Entscheidung zu fällen haben, so werden Sie sich an die Geschichte von Graebe erinnern..." - Und dann in den sechziger Jahren ermittelten zahlreiche Staatsanwaltschaften (Stade, Celle, Nürnberg/Fürth) gegen ihn wegen Meineid bzw. des Verdachtes auf Meineid. In den Geschichtsbüchern freilich sind seine Geschichten nicht getilgt, wenngleich man bemüht ist, in Neuauflagen bzw. Neuerscheinungen seinen Namen tunlichst zu vermeiden. Und „Der Spiegel" vom 29.12.1965 Nr. 53/65 Seiten 26-28 mit seinen Enthüllungen ist schon längst vergessen.

Nur durch Zufall nicht „lebenslänglich"

Der ehemalige Kreishauptmann von Kamionka-Strumilowa (Galizien) - Nehring - wurde auf Veranlassung der Ludwigsburger Zentralstelle am 12.3.1965 unter der Beschuldigung verhaftet und in Untersuchungshaft genommen, er sei an einer Judenvernichtungsaktion beteiligt gewesen und habe ohne Anlaß selbst einen Juden erschossen.

Dies hatte eine „Augenzeugin" unter präziser Schilderung der Tatumstände und unter Angabe des genauen Datums beim deutschen Generalkonsulat in New York zu Protokoll gegeben. Einige Zeit später wurde aus den Akten eines anderen Ermittlungsverfahrens festgestellt, daß dieselbe Zeugin ein Jahr vor ihrer protokollierten Aussage in der gleichen Tat - d. h. der Ermordung des gleichen Juden zur gleichen Zeit - bezichtigt hatte. Inzwischen hatte sie aber erfahren, daß der zuerst von ihr Beschuldigte nicht mehr lebte, deshalb hatte sie »ersatzweise« den ihr bekannten Kreishauptmann Nehring beschuldigt.

Wäre der die Glaubwürdigkeit der Zeugin erschütternde Brief nicht geschrieben worden oder hätte man ihn nicht zufällig gefunden, so wäre aus den mehreren Monaten Untersuchungshaft, die Nehring hinter sich bringen mußte, mit Sicherheit „lebenslänglich Zuchthaus" geworden. Denn wem hätte man geglaubt?

15 Jahr unschuldig hinter Zuchthausmauern

SS-Oberscharführer Otto Hoppe, Angehöriger der Wachmannschaft des KZ Buchenwald, wurde am 6.5.1950 vom Schwurgericht Stade wegen Mordes in 4 Fällen und anderer Gewalttaten zu lebenslangem Zuchthaus verurteilt. Die von ihm eingeleitete Revision wurde vom Bundesgerichtshof (IV. Strafsenat) verworfen. Die Verurteilung Hoppes stützte sich in zwei Fällen auf eine unter Eid gemachte Aussage eines Zeugen namens Herbst.

15 Jahre später (1965) entdeckte Hoppes Verteidiger zufällig, daß ein nach Aussagen des Zeugen Herbst angeblich ermordeter KZ-Häftling nicht tot war, sondern in Gießen lebte!

Dieser Häftling konnte berichten, daß Herbst ihn nach dem Kriege besucht und dabei erzählt habe, daß er „häufig in NS-Prozessen als Zeuge reise". Herbst habe hierbei mit den Fingern die Bewegung des Geldzählens gemacht.

Durch die Entlarvung des Zeugen Herbst kamen zwei der Verurteilung zugrunde liegenden Mordfälle in Wegfall. Die beiden anderen Hoppe zur Last gelegten Morde waren auf die Aussage eines in Ost-Berlin lebenden Zeugen Brinitzer gestützt worden, der zwei Tötungen durch Hoppe „bestätigte", darunter die eines „Reichstagsabgeordneten Asch". Die 1965 (!) durchgeführte Überprüfung ergab, daß es einen Reichstagsabgeordneten dieses Namens nie gegeben hatte.

Der jüdische Schriftsteller J. G. Burg schildert einen solchen Fall aus dem Jahre 1960, also fünf Jahre vor der Verjährungsdebatte im Bundestag:

„Am 18. November 1960 brachte die ‚Neue jiddische Zeitung' einen Bericht über den Prozeß, der in Hagen gegen einen KZ-Machthaber namens Thomanek lief. Dabei wurden auch 62 jüdische Zeugen einvernommen; 23 davon erschienen aus Israel. Da zwei jüdische Zeugen den Angeklagten entlasteten, tobte das Blatt: „..., daß so etwas zum erstenmal vorkommt und hoffentlich zum letztenmal, daß Juden sich erlauben, für einen Nazimörder einzutreten. Es ist wichtig, die Namen dieser beiden Zeugen bekanntzugeben. Der eine ist Margulies aus Paris, der andere ist Winter aus Wien. Beide waren Mitglieder des Judenrates in Tschortkow. Hätte die Polizei diese beiden Zeugen nicht geschützt, hätten sie den Zorn der übrigen jüdischen Zeugen verspürt. Hoffentlich ist diese Angelegenheit nicht erledigt, und hoffentlich wird man sich für diese beiden Juden noch interessieren."

Die Bundesrepublik Deutschland ist stolz darauf, ein Rechtsstaat zu sein. Wegen des in einem solchen Staat herrschenden Grundsatzes „Im Zweifel für den Angeklagten" erträgt es der Rechtsstaat, daß nicht selten die wirklichen Verbrecher und Mörder nicht verurteilt werden und freikommen, weil im Gerichtsverfahren ihre Schuld nicht einwandfrei nachgewiesen werden kann. Wurden in den oben genannten Fällen wirklich alle Zweifel geklärt, stand die Schuld der Angeklagten wirklich eindeutig fest?

Als Gegenbeispiel zum rechtsstaatlichen Verfahren sei im folgenden noch dargestellt, wie der ehemalige kommunistische Unrechtsstaat Deutsche Demokratische Republik rechtsstaatwidrig die ehemaligen Nationalsozialisten verfolgt:

Die Waldheimer Prozesse

Einige Gegner des Dritten Reiches ließen ihrer Rachsucht freien Lauf. In unfairen Prozessen wurden Unschuldige als sog. „NS-Verbrecher" verurteilt und anschließend z. T. hingerichtet. Erst heute über 40 Jahre danach widerfährt den Verurteilten Gerechtigkeit. Wieviel Menschen mußten noch sterben, um die Rachsucht einiger NS-Gegner zu befriedigen?

Abschrift aus der „Frankfurter Allgemeinen Zeitung" vom 26. Febr. 1992:

„Terror im Gewand der Justiz

Die ersten Verfahren gegen Richter aus den Waldheimer Prozessen von 1950 / Von Peter Jochen Winters

Berlin, 25. Februar

Die sächsische Justiz will eines der dunkelsten Kapitel in der Geschichte der DDR aufrollen: die Waldheimer Prozesse. Im Zuchthaus des sächsischen Städtchens Waldheim nördlich von Chemnitz wurden in den Monaten April bis Ende Juni 1950 von Sonderstrafkammern unter der Bezeichnung "Landgericht Chemnitz" Verfahren gegen 3.385 Menschen - darunter rund 190 Frauen - geführt, die als angebliche Kriegs- und NS-Verbrecher von der sowjetischen Besatzungsmacht bis dahin in Internierungslagern festgehalten und nun den DDR-Behörden übergeben worden waren. Die nach stalinistischer Praxis geführten Waldheimer Prozesse endeten mit der Verurteilung von 3.308 Personen ohne Anrechnung der Internierungszeit. Von ihnen wurden 32 zum Tode verurteilt, 146 zu lebenslangem Zuchthaus, 1.829 zu Zuchthausstrafen zwischen 15 und 25 Jahren, 916 zwischen zehn und 15 Jahren, 371 zwischen fünf und zehn Jahren und 14 zu Zuchthausstrafen bis zu fünf Jahren.

Seit der Übergabe der zur Aburteilung bestimmten Internierten an die DDR-Behörden im Januar/Februar 1950 waren 88 gestorben. Wegen Erkrankung konnten 73, wegen geistiger Umnachtung zwei

Häftlinge in Waldheim nicht vor die Terror-Richter getellt werden. Von den 32 zum Tode Verurteilten wurden in der Nacht zum 4. November 1950 in Waldheim 24 hingerichtet; zwei waren vor der Exekution gestorben, in sechs Fällen wurde die Todesstrafe in lebenslange Zuchthausstrafe umgewandelt. Im Jahre 1952 sind nach weltweiten Protesten 997 Verurteilte freigelassen worden, für 1.024 wurde das Strafmaß erheblich vermindert. Im Oktober 1955 wurden von den noch einsitzenden 968 Waldheim-Verurteilten 709 vorzeitig entlassen. Der letzte Verurteilte soll 1964 freigelassen worden sein.

Bereits 1954 befand das (West-)Berliner Kammergericht, daß die in den Waldheimer Verfahren ergangenen Urteile, weil sie von Ausnahmegerichten gefällt wurden und wegen schwerster verfahrensrechtlicher Verstöße unheilbar waren, nichtig seien. Die unter der Bezeichnung „Landgericht Chemnitz" geschaffenen Strafkammern seien keine ordentlichen, nach den Bestimmungen des Gerichtsverfassungsgesetzes gebildeten und zusammengesetzten Gerichte gewesen, sondern eindeutig zweckbestimmte Ausnahmegerichte. Der 1. Strafsenat des Bezirksgerichts Dresden hat in einem Kassationsverfahrens mit Beschluß vom 28. Oktober 1991 - der jetzt veröffentlicht wurde - festgestellt, daß es sich bei den Waldheimer Prozessen nicht um gerichtliche Verfahren gehandelt habe, „sondern um die menschenverachtende Durchsetzung politischer Ziele der damaligen Machthaber unter dem Deckmantel ordentlicher Gerichtsbarkeit".

Die sächsischen Strafverfolgungsbehörden ermitteln - obwohl die eigentlichen Prozeßakten noch nicht aufgefunden werden konnten - gegen acht ehemalige DDR-Juristen wegen Rechtsbeugung in Tateinheit mit Mord und Freiheitsberaubung im Zusammenhang mit den Waldheimer Prozessen. Gegen sie wurden Haftbefehle erlassen, deren Vollstreckung aber wegen des hohen Alters der Beschuldigten, die alle mehr als 70 Jahre alt sind, ausgesetzt wurde. Ein weiterer ehemaliger Waldheim-Richter entzog sich der Strafverfolgung durch Selbstmord.

Hintergrund der Waldheimer Prozesse war die im Februar 1950 vollzogene Auflösung der letzten drei sowjetischen Internierungslager in der 1949 gegründeten DDR - Bautzen, Buchenwald und Sachsenhausen. Unmittelbar nach der Eroberung Ost- und Mitteldeutschlands durch die Rote Armee waren 1945 zehn Sonderlager des NKWD/MWD eingerichtet worden, von denen sieben bis Oktober 1948 geschlossen wurden. Nach sowjetischen Angaben sollen in diesen Sonderlagern zwischen 1945 und 1950 insgesamt 122.671 Deutsche eingesessen haben, von denen im Laufe der Zeit 45.262 wieder auf freien Fuß gesetzt worden seien. 14.202 Internierte seien den Behörden der DDR übergeben worden, 12.770 in die Sowjetunion deportiert und 6.680 in Kriegsgefangenenlager überführt worden; 212 Häftlingen sei die Flucht gelungen. „In der gesamten Zeit (1945 bis 1950) starben nach vorhandenen Angaben 42.889 Personen infolge Krankheit" in den Lagern, heißt es in sowjetischen Dokumenten; 756 seien von Militärgerichten zum Tod verurteilt worden. Nach westlichen Erkenntnissen, die sich freilich nicht auf exakte Quellen stützen können, waren insgesamt etwa 160.000 Deutsche in den Lagern eingesperrt; mehr als 65.000 Männer, Frauen und Jugendliche sollen dort umgekommen sein.

Die jetzt zugänglichen SED-Akten zeigen, daß die Waldheimer Prozesse nicht von den Justizbehörden der DDR, sondern von der Führung der SED, dem Sekretariat und der Abteilung „Staatliche Verwaltung" beim Parteivorstand beziehungsweise beim Zentralkomitee, vorbereitet und dirigiert wurden. Der Staatssekretär Brandt im Justizministerium der DDR erfuhr erstmals Ende April 1950 von Prozeßvorbereitungen in Waldheim.

Am 28. April 1950 beauftragte das Sekretariat Paul Hentschel von der Abteilung Staatliche Verwaltung mit der „Durchführung der politischen Beratung" bei den Waldheimer Prozessen. Seine örtliche Inspizientengruppe übernahm die Anleitung der von der Volkspolizei ausgesuchten, in Waldheim zusammengezogenen Richter und

Staatsanwälte, die alle der SED angehörten und „besonders vertrauenswürdig" sein mußten. Dennoch stellte die Partei „politische Schwäche" bei den Richtern fest. In einem Zwischenbericht, der als SED-Hausmitteilung erhalten ist, heißt es: „Überwiegend wurde die politische Schwäche der Kammern festgestellt, wenn es sich um Fälle handelte, wo eine Verurteilung aus politischen Gründen erfolgen muß und die für die formal-juristische Urteilsfindung erforderliche ‚lückenlose Beweisführung' fehlt."

Für die Untersuchung gab die SED vier Wochen, für die Verhandlungen sechs Wochen Zeit. Die Schuld der einzelnen Angeklagten wurde von vornherein als erwiesen vorausgesetzt. Die Anklageschriften wurden grundsätzlich auf Grund des Protokoll-Auszugs der sowjetischen Organe ausgearbeitet. Die Anklagen lauteten zumeist auf „Verbrechen gegen die Menschlichkeit", Zugehörigkeit zu „Verbrecherorganisationen", „außerordentliche Unterstützung der nationalsozialistischen Gewaltherrschaft" oder „wesentliche Förderung" des Nationalsozialismus. Die Angeklagten wurden zumeist als Kollektivschuldige wegen ihrer Zugehörigkeit zu bestimmten Berufsgruppen, als Offiziere, Juristen, Polizeibeamte, NSDAP-Angehörige in führenden Positionen, als Lehrer, leitende Angestellte in Industrie und Wirtschaft oder Journalisten, verurteilt.

Den bei den zwölf Großen und acht Kleinen Strafkammern des „Sondergerichts Waldheim" tätigen Richtern und Staatsanwälten wurde vor dem Beginn ihrer Tätigkeit unmißverständlich klargemacht, welche Entscheidungen sie zu treffen hätten. Verurteilungen zu Strafen unter fünf Jahren seien zu vermeiden. Es sei davon auszugehen, daß die Angeklagten Verbrecher seien. Zeugen und Sachverständige seien bei diesen Verfahren ebenso überflüssig wie Verteidiger, wurde ihnen gesagt. Alle Aussagen der Angeklagten zu ihrer Verteidigung hätten von Anfang an durch die Feststellungen der sowjetischen Untersuchungsorgane als widerlegt zu gelten. Ließ man doch Verteidiger auftreten, dann waren es abkommandierte Staatsanwälte. Da keine der Strafprozeßordnung entsprechende

Beweisaufnahme stattfand, wurden die Hauptverhandlungen - mit Ausnahme einiger weniger Schauprozesse im Waldheimer Rathaus - im Schnellverfahren hinter verschlossenen Türen abgewickelt. Die Verhandlungen dauerten in der Regel 20 bis 30 Minuten. Nach einer kurzen Beratung wurde das Urteil verkündet. Das Bezirksgericht Dresden kommt in seinem Beschluß vom 28. Oktober 1991 zu dem Ergebnis, „daß die in Waldheim durchgeführten Verfahren nicht ernsthaft um die erschöpfende Klärung der Schuldfrage beim einzelnen Angeklagten bemüht waren, sondern von der als Hüterin des Antifaschismus auftretenden SED als Instrument zur Stärkung der Machtposition der Partei innerhalb des noch ungefestigten neuen Staatsgebildes DDR mißbraucht wurden".

Einen Entschädigungsanspruch für die noch lebenden Verurteilten der Waldheimer Prozesse hat das Bezirksgericht anerkannt. Nach Auffassung des Gerichts besteht eine Entschädigungspflicht auch für die Zeit der Inhaftierung in sowjetischen Internierungslagern. Die Zeit von der ersten Festnahme in dieser Sache bis zur Entlassung könne nur als einheitliches Verfahren angesehen werden, „das den schließlich eine Verurteilung aussprechenden Organen der DDR auch insgesamt zuzurechnen ist".

Kehren wir zurück zum Rechtsstaat in der Bundesrepublik Deutschland. Auch dieser ist leider nicht frei von sehr bedenklichen Erscheinungen und politischen Beeinflussungen, über die im folgenden die Rede sein soll:

Das „Gesetz gegen die ‚Auschwitz-Lüge'"

Rechtsunsicherheit für Historiker

Niemand weiß mehr, was erlaubt oder verboten ist.

Nach dem jahrelangen Hin und Her um ein befürchtetes „Maulkorbgesetz", das besonders von Simon Wiesenthal als Beispiel und ‚Vorstück' für ähnliche Gesetze in anderen europäischen Ländern und weltweit gefordert wurde, schiebt ein verschwommener Gesetzestext den Gerichten die Auslegung zu, eine Veröffentlichung zur Zeitgeschichte für strafbar oder straffrei zu erklären.

Niemand kann den Gesetzestext zur Hand nehmen und klipp und klar entscheiden: das darf ich, das darf ich nicht.

Selbst fachkundige Anwälte, denen beispielhafte Texte vorgelegt wurden, zuckten die Schultern: „... Ob diese Veröffentlichung oder deren Verbreitung strafbar ist, wird erst das jeweils zuständige Gericht entscheiden, wenn es geschehen ist. Wobei völlig offen bleibt, ob Gerichte in anderen Orten oder Bundesländern anders entscheiden ...".

Ein Zustand der Rechtsunsicherheit aber ist schlimmer und tödlicher für einen Rechtsstaat, als für den Bürger klar verständliche Gebote und Verbote.

Rechtsunsicherheit schafft Angst. Sie fördert den „freiwilligen" Verzicht, überhaupt etwas zu sagen oder zu schreiben - auch wenn es möglicherweise völlig legal ist - weil das Risiko unabsehbar ist.

I. Der Gesetzgeber und die Zeitgeschichte

Die Lage nach dem 21. Strafrechtsänderungsgesetz

Am 25.4.1985 verabschiedete der Deutsche Bundestag das 21. Strafrechtsänderungsgesetz (StrÄndG), mit dem nach den Worten der Berichterstatterin des Rechtsauschusses, Frau Dr. Hellwig (CDU/CSU), das Ziel verfolgt wird, „propagandistische Aktivitäten extremistischer, insbesondere neonazistischer Art auch mit strafrechtlichen Mitteln intensiver zu bekämpfen."

Es gibt keinen Zweifel darüber, daß hinter dieser euphemistischen Umschreibung in Wirklichkeit der Wunsch steht, vor allem die zunehmende Verbreitung revisionistischer Literatur zur Frage der Judenvernichtung während des 2. Weltkrieges noch wirksamer als bisher zu verhindern. Die Vorarbeiten für die neue gesetzliche Regelung reichen bis in das Jahr 1980 zurück.

Es ist indessen hier nicht der Ort, den langwierigen und verschlungenen Weg dieser schon frühzeitig im Volksmund als „Maulkorbgesetz" bezeichneten Strafrechtsänderung nachzuzeichnen. Nur soviel sei gesagt: Der ursprüngliche Plan eines Sondergesetzes, mit dem das Leugnen oder Verharmlosen von unter der Herrschaft des Nationalsozialismus begangenem „Völkermord" mit Freiheitsstrafe bis zu drei Jahren oder mit Geldstrafe bedroht werden sollte, wurde schließlich fallen gelassen.

Was übrig blieb, ist - gemessen am Anspruch eines freiheitlichen Rechtsstaates - noch schlimm genug. Es ist um so schlimmer, weil damit indirekt zum Teil eine Rechtsprechung sanktioniert wurde, die sich im Verlauf der zurückliegenden Jahre contra legem, also im Widerspruch zum geltenden Recht, entwickelt hatte.

Einig waren sich alle Parteien hinsichtlich der beiden ersten Punkte des Gesetzentwurfs. Der eine betrifft die Änderung der § 76a/78 StGB, wonach jetzt Schriften mit strafbarem Inhalt auch noch nach Eintritt der Strafverfolgungsverjährung gerichtlich eingezogen werden können. Das war nach dem früheren Wortlaut dieser beiden Strafrechtsbestimmungen nicht zweifelsfrei gewesen. Revisionistische Schriften über die Judenverfolgung sind daher künftig auf unabsehbare Zeit von Beschlagnahme und Einziehung bedroht, ungeachtet der kurzen presserechtlichen Verjährungsfristen.

Weiter bestand Einigkeit bei allen Bundestagsparteien über die nach dem Gesetzentwurf vorgesehene Erweiterung des § 86a StGB, der ein Verwendungs- und Verbreitungsverbot für Kennzeichen verfassungswidriger Organisationen beinhaltet. Die erweiterte Vorschrift erfaßt nun auch die Einfuhr, das Herstellen und das Vorrätighalten solcher Kennzeichen unter der Voraussetzung, daß die Gegenstände in der Bundesrepublik Deutschland verbreitet oder verwendet werden sollen. Gedacht ist dabei natürlich vor allem an NS-Symbole. Nach einer Entscheidung des Bundesgerichtshofs (BGH) fällt sogar die früher in Briefen gebräuchliche Grußformel „Mit deutschem Gruß" unter das Verwendungsverbot. Man könnte über diese fast hysterisch anmutende Furcht vor Symbolen lächeln, wenn sie nicht schon manchem nichtsahnend-harmlosen Zeitgenossen zum Verhängnis geworden wäre. Denn Verstöße gegen diese Vorschrift werden immerhin mit Freiheitsstrafe bis zu drei (!) Jahren oder mit Geldstrafe geahndet.

Ursache der jahrelangen Verzögerung des Gesetzgebungsverfahrens war der Hauptpunkt des Gesetzentwurfs, demzufolge durch einen besonderen Straftatbestand das „Leugnen und Verharmlosen des nationalsozialistischen Völkermordes" ausdrücklich verboten werden sollte. Dieses Vorhaben stieß von Anfang an auf eine breite Kritik in der Öffentlichkeit.

Selbst die „Allgemeine jüdische Wochenzeitung" vom 25.6.1982 veröffentlichte hierzu „Kritische Anmerkungen des Münchener Instituts für Zeitgeschichte". Man fühlte sich offenbar bei dem Gedanken an eine gesetzliche Vorschrift über den „wahren Glauben" doch nicht ganz wohl. Auch der Bundesrat hatte Bedenken, vor allem „wegen des Mangels an tatbestandlicher Bestimmtheit" der vorgesehenen Regelung, geäußert. Er hatte ferner - erstaunlich genug! - an die „grundlegende Bedeutung des Artikel 5 GG" (Gewährleistung der Meinungsfreiheit) erinnert und davor gewarnt, „extremistischen Kreisen besondere Gelegenheit zu dem Versuch" zu geben, »den Gerichtssaal zum Forum ihrer Propaganda umzufunktionieren«.

In seinem Bericht vom 24.4.1985 (Drucksache 10/3242) schlug

schließlich der Rechtsausschuß des Deutschen Bundestages, an den der Gesetzentwurf nach der Ersten Lesung am 12.4.1984 zur Beratung überwiesen worden war, mit Mehrheit vor, abweichend vom Gesetzentwurf keinen neuen Straftatbestand zu schaffen. Seit dem Urteil des 6. Zivilsenats des BGH vom 18.9.1979 sei das „Leugnen des nationalsozialistischen Völkermordes an Juden" strafbar. Allerdings sei es den „jüdischen Mitbürgern, die unter der Verfolgung gelitten haben", nicht zumutbar, „sich jeweils persönlich durch Stellung eines Strafantrags gegen solche Angriffe zu wehren und ggf. im Strafverfahren darzutun, daß sie Juden sind".

II. § 194 - Strafantrag

Durch die von der Mehrheit des Rechtsausschusses empfohlene Änderung des § 194 StGB werde in Fällen dieser Art eine Strafverfolgung wegen Beleidigung von Amts wegen ermöglicht, die außerdem - wie schon die geltende Fassung des § 194 Abs. 2 StGB (Verunglimpfung des Andenkens Verstorbener) - auch Taten erfasse, die sich auf die Verfolgung unter einer anderen als der nationalsozialistischen Gewalt- und Willkürherrschaft beziehen.

Die Koalitionsmehrheit (mit Ausnahmen) des Bundestags stimmte diesem Änderungsvorschlag in der Sitzung vom 25.4.1985 zu, so daß nun die vom Rechtsausschuß erarbeitete Neufassung des § 194 StGB Gesetz geworden ist.

Der Bundestag als Gesetzgeber hat damit den Gerichten sozusagen „den schwarzen Peter zugeschoben". Sie sollen selbst darüber befinden, welche „ketzerischen" Äußerungen Strafe verdienen.

Die vorausgegangene Bundestagsdebatte zeichnete sich durch viel vordergründige Polemik und wenig Sachverstand aus, obwohl doch viele Juristen dem Bundestag angehören. Daß mit der Neuregelung praktisch eine vorhergehende Rechtsprechung legalisiert wurde, ist zwar nichts Ungewöhnliches, war aber in diesem Fall doch höchst leichtfertig. Denn das während der Debatten wiederholt erwähnte BGH-Urteil vom 18.9.1979 enthält in seiner Begründung eine ganze

Reihe von sachlichen, logischen und nicht zuletzt rechtlichen Fehlern. Diese sind nicht dadurch ausgeräumt, daß einige Gerichte diese „Rechtsprechung" übernommen haben.

Der BGH hatte im übrigen nur das „Leugnen der Judenmorde" als „Beleidigung" qualifiziert. Wie aber ist es nun mit dem „Verharmlosen", das nach dem ursprünglichen Gesetzentwurf wie auch nach dem Bericht des Rechtsauschusses ebenfalls von der Neuregelung erfaßt werden sollte?

Vor allem aber stellt sich die Frage, ob auch ein wissenschaftlich begründetes Leugnen oder Bestreiten bestimmter mit der Judenverfolgung zusammenhängender Sachverhalte (z. B. der „Gaskammern") als „Beleidigung" strafbar ist oder ob insoweit das Grundrecht der Wissenschaftsfreiheit (Art. 5 Abs. 3 GG) eingreift. Gerade diese jeden seriösen Historiker brennend interessierende Frage wurde bezeichnenderweise bei den Beratungen des Deutschen Bundestages völlig ausgespart.

Die hiernach schon aufgrund der bisherigen Rechtsprechung bestehende Rechtsunsicherheit wird durch die umständlich-verschwommene Formulierung des neugefaßten § 194 StGB noch vergrößert.

Wenn diese auch nur die formale Seite der Strafverfolgung von Beleidigungen, nämlich das Antragserfordernis, zum Gegenstand hat und das materielle Recht (die Straftatbestände) nicht direkt betrifft, so könnte doch von ihr eine Signalwirkung auf die Gerichte dahin ausgehen, die „Rechtsgrundsätze" der BGH-Entscheidung vom 18.9.1979 im Sinne des ursprünglich geplanten Sondertatbestandes und möglicherweise sogar darüber hinaus „fortzuentwickeln".

Denn die Formulierung „wenn ... die Beleidigung mit dieser Verfolgung zusammenhängt" (§194 Abs. 1 Satz 2 der Neufassung) läßt in ihrer Schwammigkeit vielerlei Deutungen zu. Indirekt hat der Gesetzgeber auf diese Weise die von der Rechtsprechung aufgestellten Voraussetzungen in gänzlich unbestimmter Richtung erweitert.

Die Staatsanwaltschaften werden jedenfalls nach allen bisherigen Erfahrungen den erweiterten Spielraum zu nutzen wissen.

Andererseits ist die Behauptung der Regierungskoalition, durch die Formulierung „oder einer anderen Gewalt- und Willkürherrschaft" seien nun auch z. B. die Vertriebenen vor kollektiver Beleidigung geschützt, die reinste Spiegelfechterei, mit der man vermutlich nur gewisse Wählerschichten für sich einnehmen wollte. Denn zum einen ist sehr fraglich, ob die Rechtsprechung „die Vertriebenen"oder eine andere Gruppe überhaupt als kollektiv beleidigungsfähig ansehen wird, da sie insoweit bisher stets sehr enge Voraussetzungen aufgestellt hat. Zum anderen wurde die Vertreibung der Ostdeutschen schon oft genug von Medien, Kirchen und anderen Institutionen beschönigend als „schicksalhafte Kriegsfolge" oder sonstwie verharmlost, mitunter sogar überhaupt geleugnet. Es würde daher an ein Wunder grenzen, wenn irgendein Gericht die Vertriebenen jetzt als Opfer einer „Gewalt- und Willkürherrschaft" anerkennen und in Schutz nehmen würde.

Zusammenfassend ist festzustellen, daß das 21. StrÄndG, wenn man von der Änderung bzw. Erweiterung der §§ 76a, 78, 86a StGB einmal absieht, zwar kaum wesentlich Neues gebracht hat. Es sind Fälle bekannt, wo Staatsanwälte auch bisher schon Verfahren gegen Zweifler an den Judenmorden „von Amts wegen" einleiteten. Den erforderlichen Strafantrag erbaten sie bei der nächstbesten jüdischen Gemeinde, die solchem Ansinnen selbstverständlich gern entsprach.

Die neue Fassung des § 194 StGB aber hat zweifellos die Ungewißheit darüber, inwieweit eine kritische Betrachtung der Judenverfolgung gleich welcher Art überhaupt noch zulässig ist, weiter vergrößert.

Auch können nach wie vor Äußerungen im privaten Umfeld, wie z.B. Stammtischgespräche, durchaus ein Srafverfahren nach sich ziehen. Der teilweise von den Massenmedien erzeugte gegenteilige Eindruck ist unzutreffend. Nur bedarf es insoweit wie bisher des grundsätzlich bei Beleidigungsdelikten notwendigen Strafantrages.

Insgesamt ist die Meinungs- und Wissenschaftsfreiheit mehr denn je gefährdet. Ein wirksamer Strafrechtsschutz für die Vertriebenen und andere Opfer fremder Willkür vor Diffamierungen jeder Art besteht dagegen weiterhin nicht.

Dazu veröffentlichte ein ehemaliger Richter folgenden offenen Brief an den damaligen Bundesjustizminister:

Wie frei ist die wissenschaftliche Erforschung der Zeitgeschichte?

Ein offener Brief eines Richters a. D.

Dr. Wilhelm Stäglich

Herrn Bundesjustizminister Engelhard
Bundesministerium der Justiz
Heinzemannstraße 6, Postfach 200.650

5300 Bonn 2

Betr.: 21. Strafrechtsänderungsgesetz (Str. Änd. Ges.)

Sehr geehrter Herr Engelhard!

Nachdem nun unter schweren Geburtswehen das jahrelang in der Schwebe gehaltene 21. Str. Änd. Ges. endlich verabschiedet wurde, scheint die mindestens ebenso lange schwelende Rechtsunsicherheit darüber, welche zeitgeschichtlichen Ansichten zum sog. Völkermord an den Juden noch straflos vertreten werden dürfen, nach wie vor nicht behoben.

Es ist im Grunde alles beim alten geblieben. Mit der Änderung des 194 StGB soll das „Leugnen des nationalsozialistischen Völkermords an den Juden" künftig allerdings als „Beleidigung" ohne Strafantrag von Amts wegen verfolgt werden, wobei davon ausgegangen wird, daß solches Leugnen auch bisher schon nach der Rechtsprechung eine „Beleidigung jedes einzelnen in der BRD lebenden Juden" darstellte. So jedenfalls liest man es in Verlautbarungen des Bundesjustizministeriums und in der Presse.

Ich gehe davon aus, daß hierbei vor allem an die von den Medien als Grundsatzurteil eingestufte Entscheidung des VI. Zivilsenats des Bundesgerichtshofs (BGH) vom 18.9.1979 VI ZR 140/78 gedacht wird, an die sich die unteren Gerichte in der Folgezeit wohl ausnahmslos gehalten haben. Doch wirft gerade dieses Urteil nicht nur in seinen historischen Bezügen, sondern auch rechtlich eine ganze Reihe von Fragen auf. Ich habe mich dazu bereits 1980 in einer kleinen Broschüre mit dem Titel „Ist Zeitgeschichte justiziabel?" kritisch geäußert.

Einen Aspekt möchte ich hier herausgreifen und wäre dankbar, wenn ich hierzu aus Ihrem Hause eine Stellungnahme erhalten könnte:

Es geht dabei um die Frage der Wissenschaftsfreiheit (Artikel 5 Abs. 3 GG).

Nicht nur aus Pressenotizen, sondern vor allem auch aus verschiedenen mir vorliegenden Schreiben Ihrer Mitarbeiter an andere Fragesteller geht hervor, daß schon mit dem weitergehenden, im Gesetzgebungswege gescheiterten früheren Gesetzentwurf zur sog. Auschwitz-Lüge keineswegs die Forschung und Wissenschaft in irgendeiner Weise unterdrückt oder beeinträchtigt werden sollte. Hieran müssen jedoch aufgrund vielfältiger Erfahrungen berechtigte Zweifel aufkommen. Bei dem oben erwähnten BGH-Urteil lag die Sache verhältnismäßig einfach. Der Verurteilte hatte lediglich behauptet, daß die Ermordung von Millionen Juden im 3. Reich ein „zionistischer Schwindel" sei und daß die „Lüge von den 6 Millionen vergasten Juden" nicht hingenommen werden könne. Er hatte also den Judenmord schlicht geleugnet. Ein wissenschaftlich begründetes Leugnen lag nicht vor.

In der revisionistischen Forschung wird dagegen die Ermordung von Juden während des 2. Weltkrieges nicht schlechthin geleugnet. Es wird vielmehr in zahlreichen beachtenswerten Untersuchungen - insbesondere ausländischer Wissenschaftler - Kritik an den Grundlagen der „Holocaust"-Behauptungen geübt und daraus der Schluß gezogen, daß die Judenvernichtung jedenfalls nicht so und auch nicht in dem Umfang stattgefunden haben könne, wie es von den Medien und den etablierten Zeitgeschichtlern allein aufgrund von Berichten angeblicher Augenzeugen dargestellt wird. Jeder, der sich mit den zeitgeschichtlichen Quellen gründlich befaßt und die einschlägigen NSG-Verfahren verfolgt hat, weiß ja, daß z. B. die Gaskammermorde ausschließlich mit teils sehr widerspruchsvollen, vor allem aber auch aus den verschiedensten Gründen fragwürdigen Zeugenaussagen belegt werden.

Um konkret zu werden:

Ist es also noch erlaubt, Fragen nach den Eigenschaften und der Wirkungsweise des Entwesungsmittels Zyklon B, nach den technischen Möglichkeiten der Beseitigung Tausender von menschlichen Leichen innerhalb kürzester Zeit, nach den örtlichen Umständen der behaupteten „Vergasungen" und nach ähnlichen Voraussetzungen der Massentötungen in sog. Gaskammern bzw. Gaswagen wissenschaftlich zu untersuchen, daraus Schlüsse zu ziehen und die Ergebnisse zu veröffentlichen? Die Gerichte haben solche Fragen in keinem Fall bisher näher untersucht.

Ist es ferner noch straflos möglich, Aussagen angeblicher Augenzeugen kritisch zu analysieren und sie, sofern sie im Widerspruch zu bekannten Fakten oder wissenschaftlich-technischen Erkenntnissen stehen, als unglaubwürdig zu bezeichnen und damit auch den darauf beruhenden angeblich historischen Tatbestand zu leugnen?

Auch die Frage nach der Zahl der Opfer ist in diesem Zusammenhang nicht ohne Bedeutung.

Ist es etwa schon ein „Leugnen des NS- Völkermordes an den Juden", wenn z. B. der US-amerikanische Demograph Walter N. Sanning in einer umfangreichen Untersuchung auf der Grundlage eines in dieser Fülle bisher einmaligen Quellenmaterials zu dem Ergebnis (u. a.) kommt, daß von den Juden im NS-Herrschaftsbereich wenig mehr als 300.000, im sowjetischen Machtbereich hingegen allein die doppelte Anzahl polnischer Juden umgekommen ist? Wäre eine Weiterverbreitung dieses wissenschaftlichen Forschungsergebnisses also ebenfalls als „Beleidigung" strafbar?

Noch ein Weiteres in diesem Zusammenhang:

In einem mir vorliegenden Schreiben Ihres Hauses betont der Verfasser, daß wir Deutschen „aus unserer geschichtlichen Verantwortung gegenüber unseren jüdischen Mitbürgern heraus" ihnen die „Verfolgung solcher Taten" - sprich: des Leugnens der Judenmorde - „einfach schuldig" seien.

Man mag das glauben und für richtig halten, wenn es auch bisher wohl einmalig in der Rechtsgeschichte ist, daß historische Geschehnisse mit Hilfe einer mehr oder weniger fragwürdigen Auslegung strafrechtlicher Tatbestände festgeschrieben werden, indem man Zweifel daran einfach bestraft.

Wenn man das aber schon einer verschwindend kleinen Minderheit in diesem Lande „schuldig zu sein" glaubt, wäre es dann nicht - schon nach dem Gleichheitssatz des Grundgesetzes - auch angebracht, ebenso das eigene Volk vor einer immer unerträglicher werdenden Diffamierung und Beschimpfung durch Einzelne oder Gruppen (Massenmedien, Kirchen, Parteien) strafrechtlich zu schützen?

Verweisen Sie mich bitte in diesem Zusammenhang nicht darauf, daß nun auch durch § 194 StGB in seiner geänderten Fassung z. B. die Vertriebenen - wie behauptet wird - strafrechtlich geschützt seien. Die in § 194 Abs. 2 und 3 StGB verwendete Formulierung „... oder einer anderen Gewalt- und Willkürherrschaft verfolgt ..." geht m. E. insoweit ins Leere. Es ist nämlich schon fraglich, ob die Rechtsprechung „die Vertriebenen" als kollektiv beleidigungsfähige Gruppe anerkennen wird, obwohl ihre Abgrenzung sicherlich einfacher und überzeugender vorgenommen werden könnte als die der Juden. Abgesehen hiervon gibt es bis jetzt keine allgemeingültige Begriffsbestimmung für eine „Gewalt- und Willkürherrschaft", die in diesem Zusammenhang von den Strafverfolgungsbehörden übernommen werden könnte. Der Hitler-Staat wird zwar stets ohne weiteres aus einem gewissen Blickwinkel heraus als eine solche bezeichnet. Andererseits aber wurde bisher schon häufig genug die „Vertreibung" als gewissermaßen von den Vertriebenen selbstverschuldete Kriegsfolge hingestellt, so daß zu befürchten ist, daß dieses grausame Geschehen mit seinen mehr als zwei Millionen Toten eben nicht auf eine „Gewalt- und Willkürherrschaft" zurückgeführt wird.

Ich kann mich des Eindrucks nicht erwehren, daß die von Regierungsparteien so lautstark beschworene Einbeziehung der Vertriebenen in den Strafrechtsschutz nur dazu dienen sollte, bestimmte Wählergruppen für sich einzunehmen. Die Zukunft wird erweisen, ob meine Vermutung zu Recht besteht.

Wo aber bleibt der ebenso notwendige und längst überfällige Strafrechtsschutz für die Opfer des verbrecherischen Bombenterrors gegen die deutsche Zivilbevölkerung.

Wenn z. B. anläßlich des 40. Jahrestages der verbrecherischen Luftangriffe auf die unverteidigte Lazarettstadt Dresden die Zahl der Bombenopfer von allen Massenmedien einheitlich mit nur 35.000 angegeben wurde, so ist das eine geradezu skandalöse Verniedlichung der tatsächlichen Opferzahl, die seinerzeit amtlich mit rund 250.000 angegeben wurde, wahrscheinlich aber noch viel höher lag.

Um nicht mißverstanden zu werden: Ich bin durchaus dagegen, historisches Geschehen - wie auch immer - mit den Mitteln des Strafrechts zu erfassen.

Doch erscheint mir die rechtsstaatliche Glaubwürdigkeit der Bundesrepublik Deutschland fragwürdig, solange ein bestimmter Bevölkerungsteil gegenüber allen anderen einen rechtlichen Sonderstatus genießt.

Mit freundlichen Grüßen!

(Dr. Stäglich)

übernommen werden konnte. Der Hitler-Staat wird zwar stets oft
wenn er aus einem gewissen Blickwinkel heraus als eine solche
bezeichnet. Andererseits aber wurde bisher schon häufig genug die
„Vernichtung" als gewissermaßen von den Vorteil. den selbstver-
schuldeten Kriegsfolge hingestellt, so daß zu berücksichtigen ist, daß
dieses grausame Geschehen mit seinen mehr als zwei Millionen
Toten eben nicht auf eine „Gewalt- und Willkürherrschaft" zurückgeführt wird.

Ich kann nach des Lindnacks nicht gewonnen, daß die von Regierungsparteien so lautstark beschworene Einbeziehung der Vorrat-
benen in den Strafrechtsschutz nur dazu dienen sollte, bestimmte
Willkürgruppen für sich einzunehmen. Die Zukunft wird erweisen
ob meine Vermutung zu Recht besteht.

Wo aber bleibt der ebenso notwendige und längst überfällige
Strafrechtsschutz für die Opfer des verbrecherischen Bombenterrors gegen die deutsche Zivilbevölkerung.

Wenn z. B. unlängst des 40. Jahrestages der verheerendsten
Luftangriffe auf die unverteidigte Lazarettstadt Dresden die Zahl
der Bombenopfer von allen Massenmedien einheitlich mit nur
35.000 angegeben wurde, so ist das eine geradezu skandalöse
Verniedlichung der tatsächlichen Opferzahl, die seinerzeit amtlich
mit rund 250.000 angegeben wurde, wahrscheinlich aber noch viel
höher lag.

Um nicht mißverstanden zu werden: Ich bin durchaus dagegen
historisches Geschehen – wie auch immer – mit den Mitteln des
Strafrechts zu erfassen.

Doch erscheint mir die rechtsstaatliche Glaubwürdigkeit der Bundesrepublik Deutschland fragwürdig, solange ein bestimmter Bevölkerungsteil gegenüber allen anderen einen rechtlichen Sonderstatus genießt.

Mit freundlichen Grüßen!

(Dr. Sieglich)

112

Aus: Simon Wiesenthal „Die Sonnenblume" (8 verschiedene KL?)

       Wiesenthal Simon, Dipl.Ing., Architekt, geb.am
31.12.1908 in Buczacz, Bez.Buczacz,Polen, mosaisch, verh., israelit.
Staatsbürger, L i n z , Pscherstr. 3 wohnhaft, besuchte nach eigenen
Angaben in L e m b e r g die Volksschule und absolvierte im Jahre 1928
an seinem Geburtsort das humanistische Gymnasium. Anschließend studierte
er bis 1932 an der Technischen Hochschule in P r a g . Nach seinem
Studium am Polytechnikum in L e m b e r g war er als Bauleiter in einem
Baubüro tätig und erhielt im Jahre 1940 das Diplom als Architekt.
Mit Ausbruch des 2.Weltkrieges erhielt er von den Sowjets eine
Anweisung zum Trust der Milch-und Fleischwirtschaft, wo er als
Techniker, Chefingenieur und Hauptingenieur tätig war.
Am 20.Oktober 1941 kam er in das Konzentrationslager nach L e m b e r g
und befand sich bis 5.Mai 1945 **in 11 verschiedenen Konzentrationslagern**,
zuletzt im K............. M a u t h a u s e n .
Am 5.2.19.. ....u t h a u s e n . Seit dieser Zeit hält
er ...
....i verschiedenen Wohltätigkeitsorganisationen
.... Flüchtlinge in der amerikanischen Zone tätig.
....zender des jüdischen Zentralkomitees und bezieht
....onatl.S 1.500.-
....eine Gattin und 1 Kind zu sorgen.
.... gerichtlich unbescholten.
            Im Falle der Verleihung der österr.Staatsbürgerschaft an den
.... folgt ihm in dieser seine Ehefrau Zäzilie W i e s e n t h a l ,
Hausfrau, geb.9.8.1908 in Buczacz/Polen,mos.,verh., L i n z , Pscherstr. 3 wohnhaft, sowie sein Kind Paulinhe Rosa Wiesenthal, geb.5...1946
in Linz.
Über die Gattin des Bewerbers ist weder in moralischer, noch in politischer
Hinsicht Nachteiliges bekannt geworden. Gerichtlich ist sie unbescholten.
Aus: Bericht der Polizeidirektion Linz v.31.7.1952. Zl.:-Pol.925/52
     betr. Staatsbürgerschaftsansuchen.

Bericht der Polizeidirektion Linz (Donau) vom 31.7.1952 (11 verschiedene KL?)

Simon Wiesenthal geehrt

Friedenspreis für den „Rächer ohne Gnade"

ADN/ddp **Berlin** – Simon Wiesenthal, der seit fast einem halben Jahrhundert dafür kämpft, daß alle Nazi-Verbrechen gesühnt werden, wird heute in Berlin mit der Otto-Hahn-Friedensmedaille 1991 geehrt. In einer Festveranstaltung der Deutschen Gesellschaft für die Vereinten Nationen spricht Bundeskanzler Helmut Kohl.

Der rastlose, unerschrockene Streiter für Recht und Gerechtigkeit, gegen das Vergessen und Verdrängen, hat als Jude den Holocaust überlebt. Am 31. Dezember wird er 83 Jahre.

Der Leidensweg des studierten Architekten führte durch zwölf Konzentrationslager, bevor die Amerikaner ihn und seine Mithäftlinge am 5. Mai 1945 in Mauthausen befreiten. Wiesenthal und seine Frau sind die einzigen Überlebenden ihrer Familien. Seither fühlt er sich verpflichtet, den Toten zu dienen, indem er ihre Mörder ausfindig macht und vor Gericht bringt.

„Rächer ohne Gnade", „Nazi-Jäger" oder sogar „Jüdischer James Bond" wird Wiesenthal auch genannt. Die einen sehen ihn als unbestechlichen Anwalt der Nichtverjährbarkeit von NS-Verbrechen, die anderen lehnen ihn als erbarmungslosen Rächer ab. Doch unbeirrt folgt er seinem Gewissen: In mühevoller Kleinarbeit fahndet er nach lebenden Nazi-Verbrechern.

„HA", 17.12.1991 (12 verschiedene KL?)

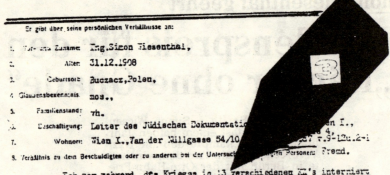

Er gibt über seine persönlichen Verhältnisse an:

1. Vor- und Zuname: Ing.Simon Wiesenthal,
2. Alter: 31.12.1908
3. Geburtsort: Buczacz,Polen,
4. Glaubensbekenntnis: mos.,
5. Familienstand: vh.
6. Beschäftigung: Leiter des Jüdischen Dokumentatio[nszentrums] Wien I.,
7. Wohnort: Wien I.,7an der Nillgasse 54/10 [...] r.9-12u.2-1
8. Verhältnis zu dem Beschuldigten oder zu anderen bei der Untersuch[ung beteilig]ten Personen: Fremd.

Ich war während des Krieges in 13 verschiedenen KL's interniert 1945 begann ich an einer Reihe von Organisationen mitzuarbeiten,die sich mit Untersuchungen gegen Naziverbrecher befassten.Ich war im Nürnberger Prozess Zeuge,arbeitete bei der Amerikanische-Kriegsverbrecher Organisation in Linz und leitete schliesslich von 1946 - 1955 die Jüdische historische Dokumentation (einen Verein,der auch nach d. Vereinsgesetz polizeilich zugelassen wurde) mit dem Sitz in Linz.

LPOS.sen. Nr. 78 (Zeugenprotokoll: S 155, '66 StPO).

Vom OLGR Dr. Sandri im Straflandesgericht Wien als Zeuge zu Geschäftszeichen 27 dVr 8896/61 vernommen (13 verschiedene KL?)

Angaben polnischer Historiker zum KZ in Auschwitz

«Über eine Million Opfer»

Warschau, 17. Juli. (dpa) In dem Konzentrationslager Auschwitz-Birkenau der Nazis wurden nach Angaben polnischer Historiker offenbar nicht wie bisher angenommen vier Millionen Menschen, sondern wahrscheinlich zwischen einer und anderthalb Millionen umgebracht. Die bisher allgemein geltende Zahl der Opfer stützte sich auf Angaben einer *sowjetischen Kommission*, die eine Woche nach der Befreiung des Lagers ihre Schätzungen bekanntgab. Die Zeitung der Gewerkschaft Solidarnosc «Gazeta Wyborcza» berichtete am Dienstag, dass nach jüngsten Untersuchungen polnischer Historiker mindestens 1,3 Millionen Menschen in das Lager in Auschwitz gebracht wurden, unter ihnen 1,1 Millionen Juden, etwa 150 000 Polen, 23 000 Zigeuner und 15 000 sowjetische Kriegsgefangene. Nur 223 000 Gefangene haben Auschwitz überlebt. Somit dürfte die Zahl der Opfer etwa 1,1 Millionen betragen, unter ihnen 960 000 Juden, 70 000–75 000 Polen, 21 000 Zigeuner und 15 000 sowjetische Gefangene. Genauere Informationen könnten aus der *Lager-Dokumentation* hervorgehen, die von den Sowjets 1945 mitgenommen und bisher nicht zurückgegeben wurde.

„Neue Zürcher Zeitung", 18.7.1990